W0363746

Britta Kienle

Kartenlegen leicht erlernbar

nach Art der Madame Lenormand

Der große Selbstlernkurs
Lehrbuch III Fortgeschrittenenkurs
Einfach und schnell
zum professionellen Kartenlegen

BriKa

Herstellung:
Books on Demand GmbH, Norderstedt

ISBN: 978-3-936568-33-2

www.brika-verlag.de
Brigitte Kienle

Der große Selbstlernkurs

nach Art der Madame Lenormand

Lehrbuch I Grundkurs
Lehrbuch II Aufbaukurs
Lehrbuch III Fortgeschrittener Kurs

Einfach und schnell zum professionellen Kartenlegen
Schritt für Schritt
Lehrbüchern I-IV in **drei Bänden** überarbeitet und erweitert

Ein begleitendes Übungsbuch ist ebenfalls erhältlich.

Das große Übungsbuch

nach Art der Madame Lenormand
Einfach und schnell zum professionellen Kartenlegen
Schritt für Schritt
Die darin enthaltenen Übungen eignen sich zur Vertiefung der Übungen des großen Selbstlernkurses
Das große Übungsbuch kann zu all meinen Lehrbüchern begleitend eingesetzt werden.
Zum Kompaktkurs, Fernkurs, zu den Lehrbüchern, sowie zu meinen Seminaren.

www.kartenlegekurse.de:
Britta Kienle Telefon: 0711

Kartenbild zur Wiederholung des bisher Gelernten

Die Fragen zum folgenden Kartenbild können Sie mittlerweile beantworten! Nur Mut!

Kartenbild

Das ausgelegte Kartenbild gehört einer Frau

Tipp: Bitte vergessen Sie nicht, zusätzlich immer auch gleich nach Kombinationen zu schauen!

Fragen zu diesem Kartenbild:

1. Welches Problem steht augenblicklich an?
2. Denkt diese Frau oft an die Vergangenheit oder ist sie eher zukunftsorientiert?
3. Was sagt die erste Kartenreihe aus?
4. Mit welchen Problemen hat der Ehemann zu kämpfen?
5. Hat diese Frau gesundheitliche Probleme?
6. Bitte deuten Sie von der 2. bis zur 5. waagrechten Reihe von links nach rechts.

   Die diagonalen Deutungslinien werden wir in diesem Band noch kennenlernen.

   Wenn Sie mutig sind, können Sie gerne auch schon die Zeitkarten in Ihre Deutung mit aufnehmen.

Ihre Deutung der folgenden Kartenreihen:

von Nr. 36 an gesehen waagrecht:

....

....

von Nr. 26 an gesehen waagrecht:

....

....

von Nr. 35 an gesehen waagrecht:

....

....

von Nr. 5 an gesehen waagrecht:

....

....

Die Lösungen zu diesen Aufgaben finden Sie auf Seite 120

Inhalt Lehrbuch III Fortgeschrittene

Alle Übungen mit vielen bildlichen Darstellungen,
Übungen und Lösungsvorschlägen.
Dazu zahlreiche Tipps und Ratschläge

Vorwort

Lieber Kartenleger / Liebe Kartenlegerin!

Herzlich willkommen zum dritten Teil des großen Selbstlernkurses Kartenlegen leicht erlernbar nach Art der Madame Lenormand.
Wie bereits der Grundkurs und Aufbaukurs, so besteht auch der vorliegende Band aus überarbeiteten und erweiterten Ausschnitten des ehemals vierbändigen großen Selbstlernkurses.

Ergänzend hierzu finden Sie in meinem separat erhältlichen Übungsbuch auch zu diesem Band zahlreiche weitere Übungen und Aufgaben, mit deren Hilfe Sie das bisher Gelernte weiter vertiefen können.

Wie bereits der Grund- und der Aufbaukurs, so gliedert sich auch der Fortgeschrittenenkurs in drei sich gegenseitig ergänzende Teilbereiche:

- *Die Einführung:* Hier werden Ihnen die Karten in mehreren Beispielen in ihren Möglichkeiten und Kombinationen gezeigt und erläutert.

- *Die Übungen:* In diesem Abschnitt haben Sie die Möglichkeit, das Erfahrene anhand von Übungen zu vertiefen und Ihre neu erworbenen Fähigkeiten auszuprobieren.

  Auf jede Übung folgt meine eigene Interpretation in meinen Worten als möglicher Lösungsvorschlag.

- *Die weiterführenden Beispiele* geben Ihnen nun die Chance, Ihr Können innerhalb eines größeren Sachzusammenhanges anzuwenden.

Sie selbst können den Lernprozess dabei unterstützen, indem Sie Ihre Lösungen mit ihren eigenen Worten formulieren und aufschreiben.

Eine wörtliche Übereinstimmung mit meiner Musterlösung ist dabei weder nötig, noch erwünscht.
Viel wichtiger ist, dass Sie das Interpretieren in Ihren Worten und nach Ihrer persönlichen Sichtweise üben.
Vergessen Sie bei aller Freiheit aber bitte nicht, dass der Sinn (die Grundaussage) Ihrer Lösung dabei jedoch stets mit meinem Lösungsvorschlag übereinstimmen sollte.

Tipp:
Bringen Sie ein wenig Abwechslung in Ihren Lernalltag, in dem Sie auch einmal, den „Spieß herumdrehen" und selbst Lehrer spielen: Betrachten Sie sich meine Lösungsvorschläge und versuchen Sie nachzuvollziehen, wie ich gerade auf diese Lösung gekommen sein mag.
Welche Note würden Sie meiner Antwort geben?

Sollten Sie Interesse an einer Prüfung mit Zertifikat haben, melden Sie sich bei Britta Tel: 0711 316 7200

Ich wünsche Ihnen nun viel Spaß und Erfolg beim Üben!

Ihre Britta

Lehrbuch III Fortgeschrittenenkurs

Mir Hilfe des vorliegenden Lehrbuches III
für Fortgeschrittene
wollen wir das Wissen,
das wir uns im Grundkurs und Aufbaukurs
bereits erworben haben
weiter festigen und vertiefen.

Dieser Kursteil greift daher das große Thema
der Deutungslinien wieder auf.

Diesmal allerdings werden wir
ein gesamtes großes Tableau auslegen
und gezielt nach Themenkarten suchen,
von welchen aus wir die Situation
im Ganzen verstehen,
sowie einen Blick in die Vergangenheit,
die Gegenwart und die Zukunft werfen können.

Waagrechte und senkrechte Deutungslinien: Die Zukunft und die Vergangenheit

Dieser Schritt führt uns bereits zu den waagrechten und senkrechten Deutungslinien im großen Kartenbild (Grand Tableau.)

Das Lesen einer Kartenlinie haben Sie in den beiden vorherigen Bänden ja bereits kennen gelernt, und auch das Vor- und Zurückdeuten einer Interpretationsreihe haben Sie schon mehr als einmal erfolgreich gemeistert.

Auch mit den so genannten Zeit- und Zukunftskarten haben Sie sich mittlerweile vertraut machen können.

In diesem Kapitel werden wir nun lernen, dieses Wissen auch innerhalb eines konkreten großen Kartenbildes anzuwenden.

Bitte denken Sie daran, die Hauptdeutungslinien bei Ihrer Interpretation nicht zu verlassen und nicht von einer Deutungslinie auf eine andere überzuspringen!

Um diese Fehlerquelle, von der sich leider nur allzu viele Kartenleger gerne anlocken lassen, von vorne herein auszuschalten, müssen die Hauptdeutungslinien bei jedem Kartenbild vorrangig betrachtet und interpretiert werden.
Diese Vorgehensweise gilt übrigens für alle Themenkarten, die innerhalb eines Tableaus gedeutet werden.

Wollen wir jedoch erfahren, woraus und woher derzeitige Schwierigkeiten entstanden sind, so ersehen wir diese Entwicklungen **nur** aus der

Deutungslinie der Vergangenheit.

Haben Sie jetzt in der Gegenwart mit Schwierigkeiten in der Liebe zu kämpfen, so könnte Ihnen ein Blick in die Deutungslinie der Vergangenheit also aufzeigen, woraus sich diese Schwierigkeiten ursprünglich eigentlich entwickelt haben.

Ursachen kommen immer aus der Vergangenheit!

Vergessen Sie deshalb bitte nicht, auch stets einen Blick in die Vergangenheit zu werfen, wenn Sie Gegenwärtiges in den Karten näherer Betrachtung unterziehen.

Bei dieser Gelegenheit erfahren Sie nicht nur gleich eine ganze Menge über sich selbst und Ihre üblichen Vorgehensweisen, Sie können auch aus vergangenen Fehlern lernen und mit Hilfe dieser Erkenntnis ähnliche Probleme in der Zukunft im Keim ersticken.

Brittas Tipp:

Weitere Übungen zu diesem Kapitel
finden Sie in
Lehrbuch Professionelles Kartenlegen
„Ein Grundstein zur Existenzgründung“

Der Umgang mit schwierigen Karten

Sicher ist auch Ihnen schon aufgefallen, dass es beim Kartenlegen immer wieder zu Situationen kommen kann, in welchen gewisse Karten innerhalb des zu interpretierenden Kartenbildes einfach keinen rechten Sinn ergeben wollen.

So sehr Sie sich auch bemühen einen logischen Zusammenhang zu erkennen, diese Karten passen einfach nicht in das Bild, das Sie sich von der zu deutenden Situation gemacht haben.

- *Auch an dieser Stelle kann ich Ihnen nur raten, sich keine unnötigen Gedanken oder gar Sorgen zu machen. Derartige Schwierigkeiten treten immer wieder einmal auf. Sie gehören zum Alltag selbst der besten Kartenleger und sind vollkommen normal.*

Es liegt sicher nicht an Ihnen und tritt auch bei mir selbst ab und zu auf.
Gerade in einem derartigen Fall ist es wichtig, am Ball zu bleiben und sich von derartigen kleineren Rückschlägen nicht entmutigen zu lassen.
Verlieren Sie deshalb die Freude am Kartenlesen nicht.

Vielleicht ergeben diese Karten ja innerhalb einer ganz anderen Deutungslinie sehr wohl einen Sinn.
Betrachten Sie daher stets auch alle umliegenden Karten genau!

Unter Umständen halten Sie Ihren Blick auch zu starr in eine Richtung und erkennen all die weiteren Möglichkeiten gar nicht an.

Möglicherweise sind Sie aber augenblicklich auch nur zu müde, um sich entsprechend zu konzentrieren, so dass Sie momentan einfach keine sinnvolle Aussage machen können.

Was auch immer der Grund für diese Interpretationsschwierigkeiten sein mag:

Kümmern Sie sich nicht weiter darum und übergehen Sie diese Karten einfach.
Vielleicht kommt Ihnen ja später eine „Erleuchtung".

- *Ich selbst lege beispielsweise niemals die Karten, wenn ich mich einmal krank, überlastet, müde, oder ganz einfach in meiner Haut nicht wohl fühle.*

Auch abschweifende Gedanken, Lärmbelästigung oder Ablenkungen von Außen können unsere Interpretationsfähigkeit negativ beeinflussen.

Nutzen Sie diese Analyse Ihrer Vergangenheit, um sich und Ihre Mitmenschen besser zu verstehen und neue Erkenntnisse zu erlangen, die Sie auf Ihrem Lebensweg wieder ein gutes Stück voran bringen werden!

Waagrechte und senkrechte Deutungslinien

der Vergangenheit und der Zukunft

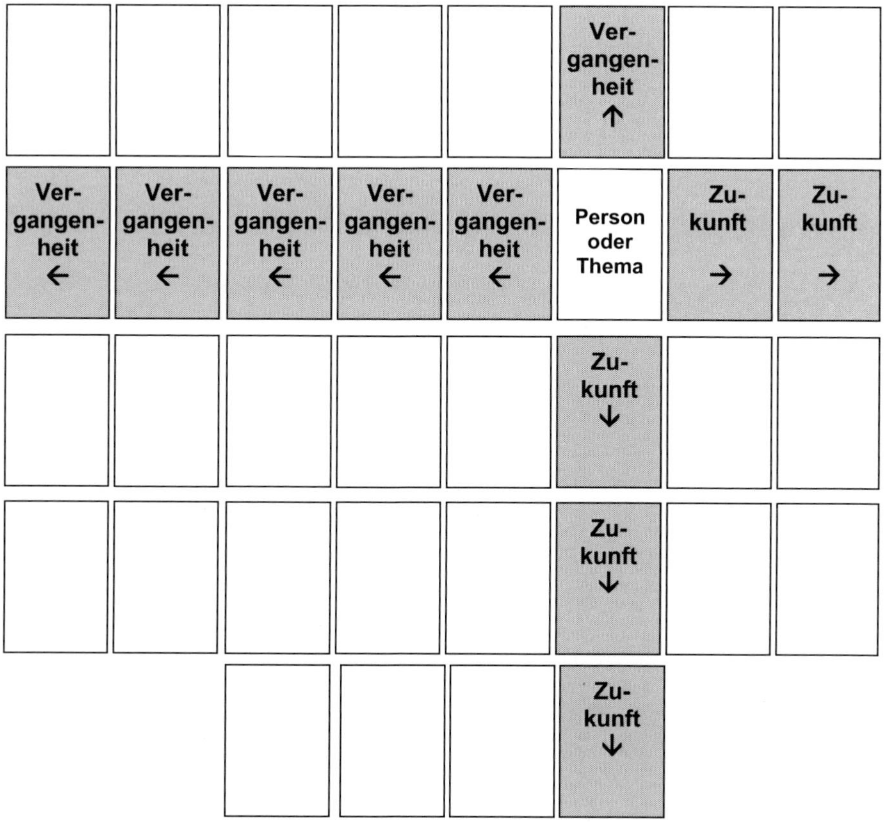

Die Frage zu diesem Kartenbild lautet:
Wie steht es um meine Gesundheit?

Momentan-Zustand, Vergangenheit, die nahe Zukunft
(Achtung: Dieses Kartenbild gehört einer Frau)

Übung 1:

						Nr. 2 Klee ↑	
						Nr. 11 Rute ↑	
Nr. 25 Ring ←	**Nr. 10 Sense ←**	**Nr. 6 Wolken ←**	**Nr. 29 Frau ←**	**Nr. 23 Ratte ←**	**Nr. 16 Sterne ←**	**Nr. 8 Sarg**	**Nr. 14 Fuchs →**
						↓ Nr. 33 Schlüs-sel	

Das Thema lautet:

- *Wie steht es um die Gesundheit dieser Frau?*

Achten Sie im großen Kartenbild also bitte besonders auf die Karte Nr. 8 Sarg, sowie auf die Nr. 29 Frau!

Anschließend interpretieren Sie die Lage bitte in Ihren eigenen Worten!

....

....

....

....

Wichtig:
Achten Sie bitte auf die Kombinationen!

Wichtige Kombinationen in diesem Kartenbild:

Nr. 25 Ring	+ Nr. 10 Sense	*Scheidung*
Nr. 8 Sarg	+ Nr. 33 Schlüssel	*Gelenke, Tennisarm*

Mein Lösungsvorschlag

in meinen Worten als mögliche Deutung.

Lösung zu Übung 1:

- *Nr. 29 Frau ist geschieden (Nr. 25 + Nr.10) und neigt dazu, sich viele Gedanken und Sorgen zu machen. Sie ist traurig und leidet sehr unter ihrer Lage. Hier drohen zu allem Unglück also auch noch ernst zu nehmende Depressionen (Nr. 23 + Nr. 16).*

  Zudem wird ihr Alltag von Ängsten beherrscht (Nr. 23).

  Vorbeugend können wir ihr raten, auf ihre Gelenke zu achten (Nr. 8 + Nr. 33), da Gelenkschmerzen leicht chronisch werden können (Nr. 8 + Nr. 33 + Nr. 11 + Nr. 14 mit Fuchs erst schleichend und kaum merklich, dann allerdings schmerzhaft und chronisch).

  Die nervlichen Belastungen (Nr. 8 + Nr. 2) begannen bereits in der ***Vergangenheit*** *und lassen sich leicht auf die Verletzungen und Wirrungen während der Ehescheidung (Nr. 25 + Nr. 10) zurückführen.*

Übung 2:

Dieser Mann plant einen Umzug.

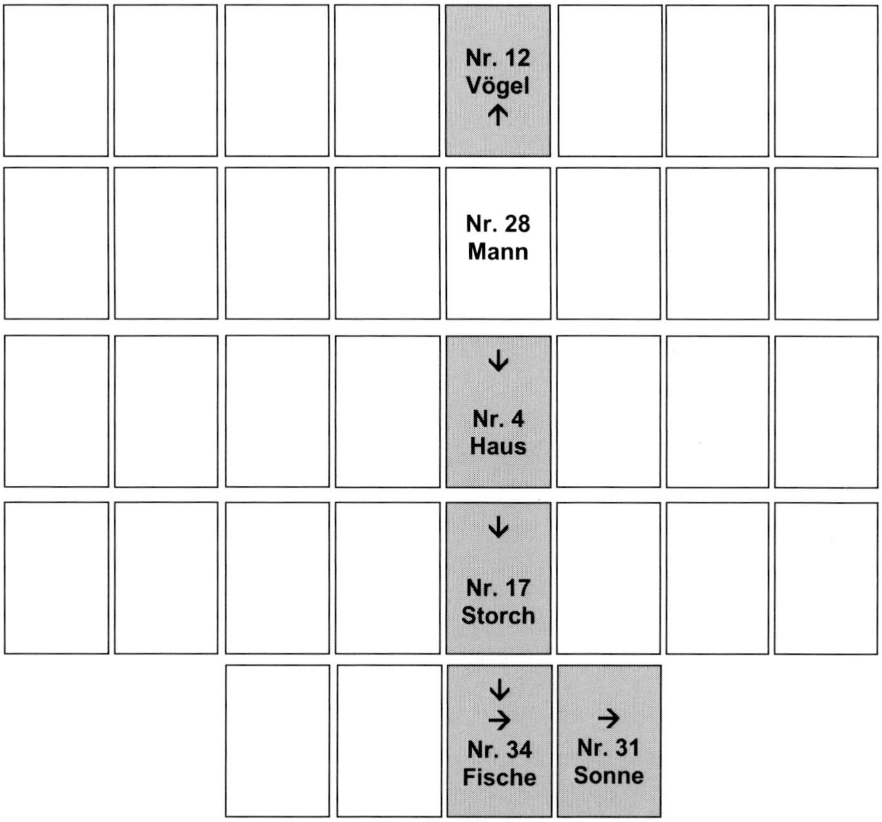

Der Mann in obigem Beispiel plant einen Umzug.
Würden Sie ihm in diesem Fall eher zu- oder abraten?

Beachten Sie bei Ihrer Interpretation bitte die Personenkarte **Nr. 28 Mann**, sowie die Kombination Nr. 4 Haus und Nr. 17 Storch (siehe Vorlage).
Nun interpretieren Sie die Lage dieses Mannes!

Kombination
Nr. 4 Haus + Nr. 17 Storch

Umzug oder
Renovierung

Dieser Umzug
wird sich
positiv auswirken.

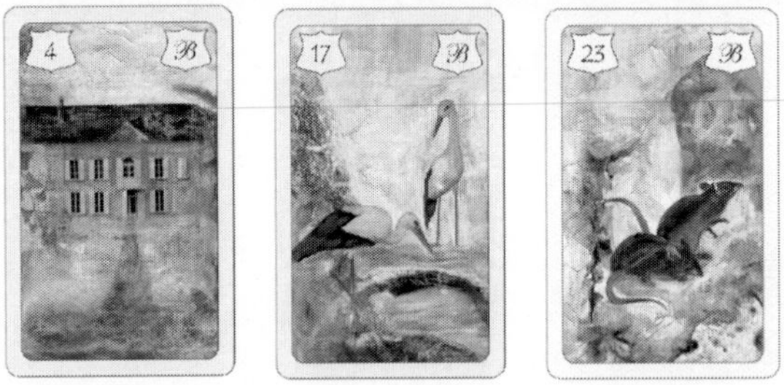

Der Umzug
wird sich
negativ auswirken.

Achten Sie bitte auf die weiteren Kartenverbindungen!

Bitte fassen Sie die Gesamtsituation in Ihren eigenen Worten zusammen!

....

....

....

....

....

Brittas Tipp: ☞

Schreiben Sie sich die wichtigsten Kombinationen heraus und prägen Sie sich diese gut ein, so dass Sie sie innerhalb eines Kartenbildes auf einen Blick erkennen können.
Einige Kombinationen werden Ihnen dabei persönlich wichtiger erscheinen als andere.
Lassen Sie sich bei der Deutung dann nach Möglichkeit von Ihrem Gefühl leiten.
Auf diese Weise lassen sich Fehlinterpretationen weitgehend vermeiden.
Buchempfehlung: „Alle Kombinationen auf einem Blick"

Mein Lösungsvorschlag

in meinen Worten als mögliche Deutung.

Lösung:

- *Dieser Mann überlegt augenblicklich noch, (Nr. 12), ob er seinen Wohnsitz wechseln soll. Ich persönlich würde ihm zu dem Umzug (Nr. 4 + Nr. 17) raten, da die Karten Nr. 34 + Nr. 31 am Ende der Deutungslinie liegen und sich somit ein erfolgreicher Abschluss der Situation erkennen lässt. Die Verbindung der beiden Karten Fische und Sonne verheißt eine glückliche Wendung besonders im finanziellen Bereich. Eventuelle Sorgen um die Finanzierung der neuen Wohnstätte stellen sich also als unbegründet heraus.*

Tipp:

Läge jedoch eine ***negative*** *Karte an Stelle der Nr. 31 Sonne am Ende der Deutungslinie (beispielsweise die Karte Nr. 23 Ratte), so bekäme er durch diesen Umzug finanzielle Schwierigkeiten.*
In diesem Fall sollten wir den Herrn auf die drohende Gefahr aufmerksam machen.
Auf diese Weise hat er die Chance, seine Pläne entsprechend abzuändern, geeignete Arrangements zu treffen, oder seine Suche nach einer geeigneten Wohnung zunächst einmal in aller Ruhe fortzusetzen.
Möglicherweise ergibt sich dann bereits kurze Zeit später bei einer erneuten Legung ein ganz anderes, viel positiveres Bild!

Vergessen Sie nie*: Die Zukunft ist nicht unabänderlich!*
Sie liegt in unserer eigenen Hand und jede Entscheidung, die wir heute treffen, wird sich auf den weiteren Verlauf unseres Lebens auswirken!

Ihre Notizen zu diesem Kapitel

Was habe ich in diesem Kapitel gelernt?

....

....

Wie kam ich mit den Deutungslinien innerhalb eines ganzen Tableaus zurecht?

....

....

In welchem Kapitel sollte ich nochmals nachlesen?

....

....

Welche Übungen könnten mir hier weiterhelfen?

....

....

Waagrechte, senkrechte und diagonale Deutungslinien der Zukunft und der Vergangenheit im Tableau

Interpretieren Sie bitte, wie Sie es in den Kartenbildern zuvor bereits getan haben, zunächst die **waagrechte** und erst im Anschluss daran die **senkrechte** Deutungslinie.

Vergessen Sie nie, dass es sich bei diesen Linien um die beiden **Hauptdeutungslinien** handelt und diese daher „Vorfahrt“ vor allen anderen Deutungslinien haben.

Die **diagonalen** Deutungslinien zeigen lediglich **weitere Möglichkeiten** bezüglich des ausgewählten Themas an.

Sprünge von einer Deutungslinie auf die nächste sollten Sie nach Möglichkeit vermeiden! Diese sind nur in ganz bestimmten Zusammenhängen möglich.
Gerade die recht verbreiteten so genannten „Rösselsprünge“ verführen oftmals dazu, ohne festes Konzept im Tableau herumzuhüpfen und ziehen so unausweichlich teilweise eklatante Fehlinterpretationen nach sich!

Diese Deutungsmethoden haben im Übrigen nicht etwa etwas mit Ihren Fähigkeiten oder Ihrem Erfahrungsschatz als Kartenleger/in zu tun!
Niemand wird Sie für einen Anfänger oder eine Anfängerin halten, wenn Sie routiniert und konzentriert innerhalb Ihrer festen Linien bleiben und auf diese Weise zu klaren, fundierten und überlegten Aussagen gelangen.
Im Gegenteil: Man wird Ihre systematische Vorgehensweise zu schätzen wissen.

Selbst ich vermeide Sprünge aller Art, wenn ich mich mit meinen Karten beschäftige.

Möchten Sie etwas über ein bestimmtes Thema (wie beispielsweise Liebe, Arbeit, Ehe oder ähnliches) wissen, so orientieren Sie sich an Vorlage 1 auf der folgenden Seite.

Ganz gleich an welcher Stelle des ausgelegten Tableaus die jeweilige Themenkarte auch liegen mag: Halten Sie sich bitte an die Deutungslinien Ihres Kartenbildes und vermeiden Sie Sprünge aller Art!

Die beiden Kartenbilder im Anschluss zeigen Ihnen lediglich zwei Beispiele dazu auf.

Die Personen- oder Themenkarten können sich also an einer beliebigen Stelle des Tableaus befinden.

Wichtig ist nur, die daran anschließenden Haupt- und Nebendeutungslinien zu erkennen und zu interpretieren.

Lassen Sie sich Zeit,
wenn Sie in die Deutungslinien schauen, sonst besteht leicht die Gefahr, wichtige Dinge (wie etwa Kombinationen, Lernaufgaben, Warnungen oder zeitliche Zuordnungen) zu übersehen.
Dies würde dann unweigerlich zu einer Fehlinterpretation führen.

Diagonale, senkrechte und waagrechte Deutungslinien der Zukunft und der Vergangenheit

Vorlage 1

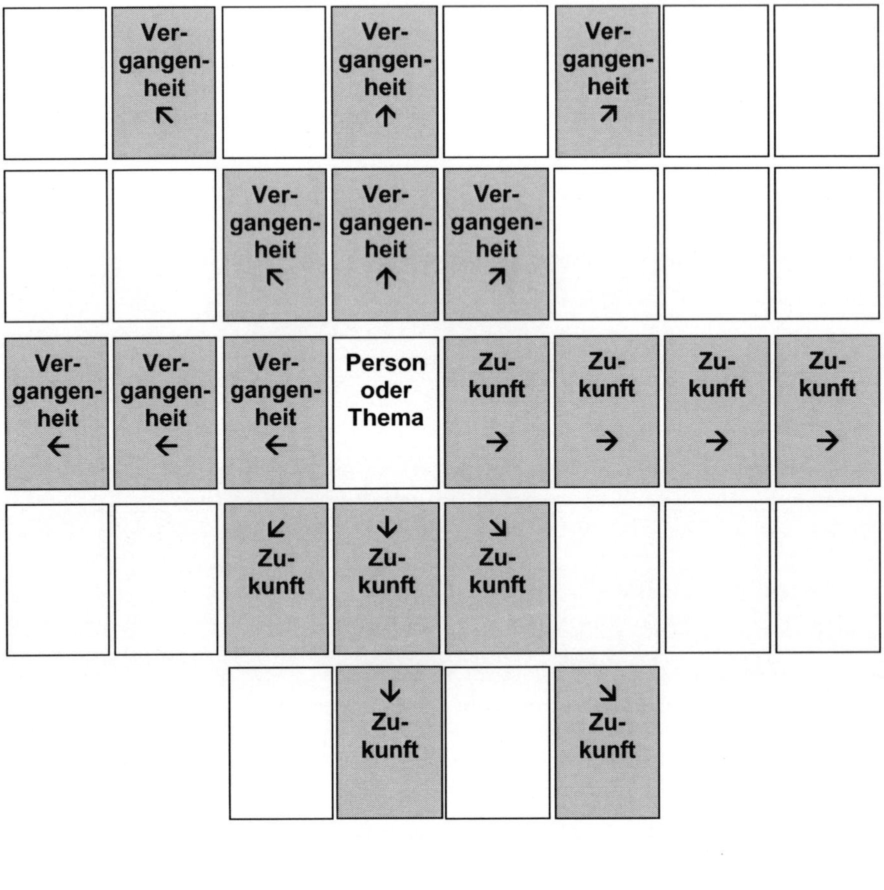

Diagonale, senkrechte und waagrechte Deutungslinien der Zukunft und der Vergangenheit

Vorlage 2

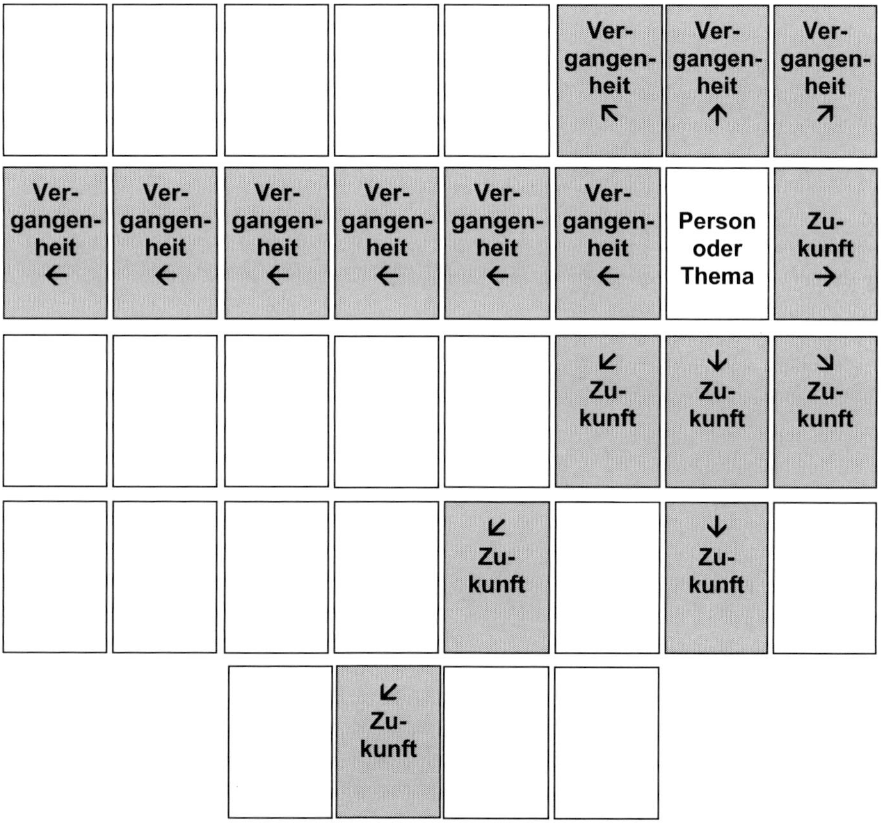

Wir lesen ein Kartenbild Deutungslinie für Deutungslinie

Erinnern Sie sich:

Erschrecken Sie bitte nicht, wenn es im folgenden Schritt bereits ein wenig schwieriger wird. Die Fülle der Fragen und Interpretationsmöglichkeiten täuscht!
Wenn Sie sich an das bisher Gelernte halten und sich nicht aus der Ruhe bringen und ablenken lassen, bin ich sicher, daß es Ihnen nicht schwer fallen wird, ein Thema in einem Kartenbild zu entdecken und dieses dann auch selbständig zu interpretieren.
Rufen Sie sich also die wichtigsten Schritte kurz in Ihre Erinnerung zurück:

1) Betrachten der ersten Karte
2) Suchen der Personenkarte im Tableau
3) Suchen nach wichtigen Themekarten
4) Interpretieren der beiden Haupt- und erst danach der Nebendeutungslinien

Im folgenden Beispiel wurde Ihnen ein Teil der Arbeit bereits abgenommen und Sie können sogleich damit beginnen, sich auf das Thema „Finanzen“ zu stürzen und die dazugehörigen markierten Hauptdeutungslinien zu interpretieren..

Erst nachdem wir die waagrechten und senkrechten Kartenreihen erkannt und gelesen haben, gehen wir im nächsten Schritt zu den Diagonalen über!

Zuletzt werden wir dann die einzelnen Aussagen wie bereits geübt in einer zusammenhängenden Gesamtaussage zusammenfassen!

Viel Glück und Erfolg beim Lösen!

Übungsblatt Fische:
Wie sieht es mit den Finanzen aus?
waagrecht und senkrecht

Übung 1:

					Nr. 5 Baum ↑		
					Nr. 4 Haus ↑		
					Nr. 23 Ratte ↑		
Nr. 31 Sonne ←	Nr. 9 Blumen ←	Nr. 19 Turm ←	Nr. 11 Rute ←	Nr. 1 Reiter ←	Nr. 34 Fische	Nr. 12 Vögel →	Nr. 6 Wolken →
					↓ Nr. 2 Klee		

Nun interpretieren Sie das vorangehende Thema und achten Sie auch hier wieder auf mögliche Kombinationen!

Welche Kombination/en erkennen Sie im Kartenbild?

....

....

Interpretation der waagrechten Deutngslinie:

....

....

Interpretation der senkrechten Deutngslinie:

....

....

Ihr Ratschlag:

....

....

Meine Lösungsvorschläge

in meinen Worten als mögliche Deutung

Übung 1

- *Die Frage lautete: Wie sieht es mit den Finanzen aus?*
  Ich schaue zuerst in die ***Zukunft.***
  Kummer und Ärger mit den Finanzen sind deutlich zu erkennen, lösen sich allerdings in der Zukunft wieder auf.

- *Es kann also alles wieder gut werden (Siehe Karte Nr. 2 Klee).*

- *Nun schaue ich in die* ***Vergangenheit****, um zu sehen, wodurch dieser Kummer* entstand:
  B*eruflich war man zunächst sehr erfolgreich.*

- *Durch einen Hauserwerb (die Karten Nr. 5 und Nr. 4 bedeuten in ihrer Kombination Eigentum) kamen jedoch finanzielle Probleme auf.*
  Diese wirkten sich auch auf den beruflichen Alltag aus.
  So kam es schlußendlich auch im beruflichen Umfeld zu Unfrieden.

- ***Ratschlag***
  Zum guten Schluss könnte man der Person noch den folgenden Rat mit auf den Weg geben:

  Seien Sie im Umgang mit Ihrem Geld zukünftig äußerst vorsichtig., dann kann sich alles wieder zum Guten wenden.

Diagonale, senkrechte und waagrechte
Deutungslinien der **Vergangenheit** und
der **Zukunft** im Zusammenhang

Fische:
Wie sieht es mit den Finanzen aus?

Übung 2:

		Nr. 10 Sense ↖			**Nr. 5 Baum ↑**		
			Nr. 14 Fuchs ↖		**Nr. 4 Haus ↑**		**Nr. 25 Ring ↗**
				Nr. 22 Wege ↖	**Nr. 23 Ratte ↑**	**Nr. 21 Berg ↗**	
Nr. 31 Sonne ←	**Nr. 9 Blumen ←**	**Nr. 19 Turm ←**	**Nr. 11 Rute ←**	**Nr. 1 Reiter ←**	**Nr. 34 Fische**	**Nr. 12 Vögel →**	**Nr. 6 Wolken →**
				↙ Nr. 33 Schlüs- sel	**↓ Nr. 2 Klee**		

Nachdem wir uns zuvor ausführlich mit den beiden Hauptdeutungslinien befasst haben, ziehen wir nun auch die diagonalen Deutungslinien zu unserer Interpretation hinzu.

Lesen und deuten Sie bitte wie zuvor zunächst die waagrechte und im Anschluss daran die senkrechte Deutungslinie.
Machen Sie sich nichts daraus, wenn Sie diese bereits einmal interpretiert haben. Es soll Ihnen nur helfen, die Reihenfolge vollkommen zu verinnerlichen!

Gehen Sie im Anschluss an diese Hauptinterpretation dann auch zu den Diagonalen über!

Vergangenheit waagrecht:

………………………………………………………………………

Vergangenheit senkrecht:

………………………………………………………………………

Vergangenheit diagonal rechts:

………………………………………………………………………

Vergangenheit diagonal links

………………………………………………………………………

Zukunft waagrecht:

………………………………………………………………………

Zukunft senkrecht:

………………………………………………………………………………

Zukunft diagonal links:

………………………………………………………………………………

Zusammenfassung:

………………………………………………………………………………

………………………………………………………………………………

………………………………………………………………………………

Brittas Tipp: ☞

Weitere Übungen zu diesem Kapitel finden Sie im begleitenden Übungsbuch.
In meinem Lehrbuch Professionelles Kartenlegen **„ Ein Grundstein zur Existenzgründung“** wird ein ganzes Kartenbild Reihe für Reihe gelesen und interpretiert.

Meine Lösungsvorschläge

in meinen Worten als mögliche Deutung

Übung 2:

Vergangenheit waagrecht:

- *Beruflich konnte man zunächst große Erfolge verbuchen.*
  Nach diesen ersten Erfolgen kam es jedoch zu Streit und Unfrieden am Arbeitsplatz.

Vergangenheit senkrecht:

- *Aufgrund eines Hauserwerbs kamen dann jedoch finanzielle Probleme auf.*

Vergangenheit diagonal rechts:

- *Die Geldprobleme belasteten nicht nur das berufliche Umfeld des Fragestellers, sondern ebenfalls dessen Eheleben.*

Vergangenheit diagonal links

- *Somit mussten diplomatische Entscheidungen getroffen werden.*

Zukunft waagrecht:

- *Bemüht man sich entsprechend, können sich die Probleme und der Kummer durchaus wieder auflösen.*

Zukunft senkrecht:

- *Alles kann wieder gut werden.*

Zukunft diagonal links:

- *Dazu müsste man allerdings aktiv werden und selbst etwas unternehmen.*

Zusammenfassung:

- *Geldausgaben und Entscheidungen sollten gut überlegt sein.*
  So wird sich alles wieder zum Positiven wenden und der Kummer und die Belastungen könnten sich auflösen.

Ihre Notizen zu diesem Kapitel

Was habe ich in diesem Kapitel gelernt?

……………………………………………………………………………

……………………………………………………………………………

Wie kam ich mit dem Tableau insgesamt zurecht?

……………………………………………………………………………

……………………………………………………………………………

In welchem Kapitel sollte ich nochmals nachlesen?

……………………………………………………………………………

……………………………………………………………………………

Welche Deutungslinien sollte ich nochmals schriftlich interpretieren?

……………………………………………………………………………

……………………………………………………………………………

Wir blicken in die Zukunft, in die fernere Zukunft und in die erweiterte Zukunft

Im folgenden Kapitel werden Sie sich gleich vier unterschiedlichen Tableaus in sich steigernden Schwierigkeitsgraden widmen dürfen. Dabei drehen sich alle vier Kartenbilder um die große und bei allen Kunden nur allzu beliebte Frage nach der Zukunft.

Die Ankerkarte, die in allen vier Bildern eine große Rolle spielt, soll Ihnen als Zukunftskarte gute Dienste leisten, jedoch kommen mit höherem Schwierigkeitsgrad auch weitere Zukunftskarten mit ins Spiel.
Beziehen Sie daher alle dunkel markierten Zukunftskarten in Ihre Deutung mit ein und überlegen Sie gut, in welcher Reihenfolge die Ereignisse wohl eintreffen werden.
Vielleicht wird ja auch ein Ereignis unausweichlich zum nächsten führen?

Im **ersten** Kartenbild, in welchem Sie nur eine einzige Kartenreihe zu interpretieren haben, werfen wir, ausgehend von der Ankerkarte, einen einfachen Blick in die Zukunft.

Im **zweiten** Kartenbild ziehen Sie bitte die Karte *Nr. 36* hinzu und werfen einen Blick in die fernere Zukunft.

Im **dritten** Kartenbild ist die Karte *Nr. 26 Buch* die zweite Zukunftskarte, die beachtet werden muss.

Das **vierte** Kartenbild gibt Ihnen schließlich gleich vier verschiedene Zukunftskarten vor (*Nr. 5 Baum, Nr. 36 Kreuz, Nr. 35 Anker* und *Nr. 26 Buch*), die sinnvoll gedeutet werden müssen!

Viel Erfolg beim Lösen!

Zukunftskarte Nr. 35 Anker

Übung 1:

Nr. 35 Anker	Nr. 15 Bär	Nr. 3 Schiff	Nr. 1 Reiter	Nr. 9 Blumen	Nr. 2 Klee	Nr. 12 Vögel	Nr. 6 Wolken

Bitte deuten Sie das oben aufgeführte Kartenbild ausgehend von der Ankerkarte!

Interpretieren Sie dazu bitte zunächst die Ankerkarte allgemein und die Kleekarte als Zeitkarte.
In einer weiteren Deutung betrachten Sie dann bitte die **Ankerkarte** als Zukunftskarte und interpretieren Sie die Kleekarte in ihrer Grundbedeutung.

1) **Klee als Zeitkarte**:

....

....

....

2) **Anker als Zukunftskarte**:

....

....

....

....

Meine Lösungsvorschläge

in meinen Worten als mögliche Deutung

1) Klee als Zeitkarte:

- *Sie werden auf einer Reise einen ausländischen Mann kennen lernen.*
  Mit diesem Mann können Sie sich ausgesprochen gut unterhalten.
  Später wird er Sie auch zu sich einladen, doch ***bald darauf*** *kommen Probleme auf, und die Freundschaft wird sich wieder auflösen.*

oder

2) Anker als Zukunftskarte:

- *Innerhalb eines Zeitraumes von* ***ungefähr 2 Jahren*** *werden Sie im Rahmen einer Reise einen Mann kennen lernen.*
  Mit diesem Mann können Sie sich ausgesprochen gut unterhalten.

- *Später wird er Sie auch zu sich einladen.*
  Obwohl Sie diese Einladung im Grunde sehr freut, gibt es dabei doch so viele Unklarheiten, dass diese Freundschaft schlussendlich wieder zerbrechen wird.

Das Kartenbild gehört einer Frau

Übung 2:

		Nr. 36 Kreuz	Nr. 21 Berg	Nr. 6 Wolken	Nr. 16 Sterne		
Nr. 25 Ring	Nr. 10 Sense	Nr. 29 Frau	Nr. 4 Haus	Nr. 34 Fische	Nr. 23 Ratte	Nr. 27 Brief	Nr. 20 Garten
		Nr. 18 Hund	Nr. 24 Herz				
		Nr. 22 Wege	Nr. 30 Lilie	Nr. 35 Anker			
		Nr. 33 Schlüs-sel	Nr. 2 Klee	Nr. 9 Blumen	Nr. 31 Sonne		

Tipp:
Schreiben Sie sich zunächst alle Kombinationen heraus, die Sie von jeder Personen- oder Themenkarte aus erkennen können.

Danach fassen Sie Ihre Interpretation kurz zusammen.
Nachdem Sie mittlerweile so geübt sind, wird Ihnen auch die Interpretation ohne meine zusätzlichen Pfeile leicht von der Hand gehen!

Fragen zu diesem Kartenbild:

- Worin besteht das große Problem dieser Frau?

....

- Woran denkt Sie?

....

- Kann alles wieder gut werden?

....

- Was könnte ihr dabei helfen?

....

- Wer steht ihr auf ihrem Weg zur Seite?

....

- In welcher Beziehung steht der im Kartenbild erscheinende Mann zu dieser Frau?

....

Bitte achten Sie bei der Interpretation besonders auf Kombinationen, Zeit- und Zukunftskarten!

....

....

....

....

....

....

Brittas Tipp: ☞

Weitere Übungen zu diesem Kapitel finden Sie in dem Lehrbuch Professionelles Kartenlegen **„Hilfsmittel, Techniken, Fakten, Tipps und Tricks zur Selbständigkeit.** und im Lehrbuch **Ein Grundstein zur Existenzgründung**

Meine Lösungsvorschläge

in meinen Worten als mögliche Deutung

Übung 2:

*Diese Frau hat eine **Scheidung (25/10)** hinter sich und kämpft nun mit großen **finanziellen Problemen (34/23)**.*

Aufgrund der Scheidung hat diese Frau finanzielle Verluste erlitten.
*Bald wird sie eine diesbezügliche Nachricht von einer zuständigen **Behörd**e **(23/27/20)** erhalten.*
Die Probleme belasten die Frau sehr.
*So könnte es am Ende sogar zu **Depressionen** kommen **(16/23).***

*In der **Zukunft** sollte sie auch auf Ihre **Augen (6/23)** und auf ihre **Essgewohnheiten (34/23**) achten.*

*Auch zukünftig werden die **Belastungen (21)** bestehen bleiben.*
*Dies erschwert es der Frau ihre Zukunft **klar** zu sehen und zu planen **(36/6)**.*
*Diese Person sollte versuchen, den Tatsachen ins Auge zu blicken und sich nicht in **Illusionen (6/16)** zu flüchten.*

*Einige Zeit darauf wird sie einen jungen Mann **(18)** kennen lernen und die beiden werden sich ineinander verlieben **(24).***
*Er wird ihr helfen, eine klare **Entscheidung (22)** zu fällen und diese dann auch **durchzusetzen (33)**.*
*Dadurch kann sich alles wieder zum **Guten (2)** wenden.*

*Durch diese Liebe wird sie in der **Zukunft (35)** neue **Kraft (31)** gewinnen.*

Die fernere Zukunft im Kartenbild

Im folgenden Kartenbild wird es bereits ein wenig schwieriger. Mittlerweile sind Sie jedoch bereits so versiert auf dem Gebiet der Zukunftsdeutungen, dass es Ihnen nicht weiter schwer fallen dürfte, die Zukunft auch mit mehreren Zukunftskarten zusammenhängend zu interpretieren!

Vergessen Sie dabei bitte nicht, vor der jeweils folgenden Zukunftskarte innezuhalten und von dort aus erneut in die fernere Zukunft hinein zu deuten.
An dieser Stelle beginnt immer ein neuer zeitlicher Abschnitt!

Ebenfalls zeigt Ihnen eine weitere Zukunftskarte in einer Reihe, dass es sich bei eventuellen Problemsituationen nicht um eine so genannte Lernaufgabe handelt, bei der sich eine unangenehme Situation so lange wiederholen kann, bis man etwas aus ihr gelernt und sein Verhalten entsprechend angepasst hat.
Folgt eine Zukunftskarte innerhalb einer Kartenreihe, so wird das vorherige unterbrochen und ein neuer Lebensabschnitt beginnt.

Wir beginnen unsere Interpretation in diesem Fall also bei der ersten Zukunftskarte gleich zu Beginn der dritten Kartenreihe:
Nr. 26 Buch und lesen von dort aus gesehen waagrecht in die **Zukunft**.

Danach gehen wir von der zweiten Zukunftskarte *Nr. 35 Anker* aus gesehen weiter in die **fernere Zukunft**.

Im dritten und letzten Schritt lesen wir schließlich die senkrechten Hauptdeutungslinien und schließen unsere Interpretation mit der Deutung der diagonalen Nebendeutungslinien ab.

Viel Erfolg bei Ihrer Deutung!

Dieses Kartenbild gehört einem Mann

Wir blicken mit den Karten Nr. 35 und Nr. 26
in die **Zukunft**

Übung 1:

Nr. 26 Buch ↓↘→	Nr. 14 Fuchs	Nr. 8 Sarg	Nr. 23 Ratte	Nr. 35 Anker ↙↓↘→	Nr. 21 Berg	Nr. 31 Sonne	Nr. 2 Klee
Nr. 22 Wege	Nr. 19 Turm		Nr. 17 Storch	Nr. 24 Herz	Nr. 9 Blumen		
		Nr. 4 Haus		Nr. 29 Frau			

Bitte interpretieren Sie nun die waagrechte Deutungslinie mit den **beiden** Zukunftskarten **Nr. 26 Buch** und **Nr.35 Anker** und lassen Sie dabei auch mögliche Kombinationen zu anderen Themenbereichen nicht außer Acht!

....

....

....

....

....

....

....

Meine Lösungsvorschläge

in meinen Worten als mögliche Deutung

- *In der Zukunft wird dieser Mann gesundheitliche Probleme in der Magen-Darmregion bekommen.*
  Beachtet er die Signale seines Körpers allerdings nicht rechtzeitig, so könnten diese Schwierigkeiten leicht chronisch werden.

STOPP

Von der folgenden Karte Nr. 35 Anker an beginnt nun die fernere Zukunft!

- *In der ferneren Zukunft wird er sich noch etwa 2 Jahre lang mit Belastungen und Hindernissen herumplagen müssen.*

  Erst danach wird sich für ihn wieder alles zum Guten wenden.

***Ausgehend von der Buchkarte Nr. 26 werfen wir nun einen Blick in die senkrechte Deutungslinie*:**

- *Beruflich wird dieser Herr eine wohlüberlegte Entscheidung treffen müssen und sich eventuell sogar entschließen, ganz neue Wege zu gehen (Nr. 22 + Nr. 19).*
  Dabei wird er sich entscheiden, innerhalb seines häuslichen Bereiches zu arbeiten.

*Wir gehen nun weiter zur nächsten Zukunftskarte (**Nr. 35 Anker**) und interpretieren auch von dieser Karte aus gesehen senkrecht nach unten:*

- *Hier erkennen wir, dass dieser Mann innerhalb der kommenden zwei Jahre einer Frau begegnen wird, in die er sich dann ebenfalls verlieben wird.*

  Allgemein gesehen können wir ihm für die Zukunft viele wunderbare Dinge in Aussicht stellen!

  Im Zuge eines Wohnungswechsels wird er endlich seiner großen Liebe begegnen und gemeinsam mit dieser Frau wieder sehr glücklich werden.

Tipp:
Wie Sie anhand meiner Interpretation leicht erkennen können, habe ich **Nr. 35 Anker** in diesem Beispiel sowohl als Zukunfts-, als auch als Zeitkarte gedeutet.

An den folgenden Übungen sollten Sie sich nun erst einmal ohne meine Hilfe versuchen.

Wenn Sie den bisherigen Stoff gut gelernt haben, wird Ihnen dies auch spielend leicht von der Hand gehen und Sie werden sich am Ende Ihrer Deutung über Ihr eigenes Können nur so wundern.

Für alle Fälle finden Sie dann auf der Folgeseite wie immer meine eigene Interpretation zum Nachvollziehen.

Tipp:
Wenn Sie sich im Umgang mit den Zeitkarten doch noch ein wenig unsicher fühlen, so wäre es vielleicht von Vorteil, diesen Aspekt vorerst beiseite zu lassen und zunächst ganz ohne zeitliche Aussagen zu arbeiten.

Empfehlung:

Wer den Bereich der Zeitkarten noch ein wenig erweitern möchte, kann auch den Jahresrhythmus, beziehungsweise den Wechsel der Jahreszeiten in seine Deutung mit einbeziehen.

Näheres zu diesem Thema, sowie zu weiteren Themenbereichen, wie etwa Charaktereigenschaften, Tieren, Himmelsrichtungen und Berufen, erfahren Sie in meinem Lehrbuch „Professionelles Kartenlegen Ein Grundstein zur Existenzgründung".

In diesem Band werden wir dann auch nochmals verschiedene Übungen im Zusammenhang mit den Zeit- und Zukunftskarten angehen.

Außerdem werden wir uns noch mit dem **Abdecken** des großen Tableaus, sowie mit zusätzlichen **Hilfsmitteln** und einer Reihe **weiterer interessanter Themen rund um die Karten und ihre Deutungen** beschäftigen.

Natürlich werde ich auch wieder gemeinsam mit Ihnen ein Kartenbild interpretieren.

Diesmal führen wir dann eine **komplette Deutung** mit allen Aspekten von Anfang bis Ende durch.

Zum guten Schluss werde ich dann anhand eines Beratungsgespräches noch ein erweitertes Legesystem zur Anwendung bringen und das stufenweise Erkennen unterschiedlicher Gesichtspunkte gemeinsam mit Ihnen üben.

Tipp:
Machen Sie sich keine Gedanken, wenn Sie sich nun von all den zusätzlichen Informationen und Aussagen, die Ihnen die einzelnen Karten bieten, wie erschlagen fühlen.

Sie brauchen diese zu Beginn nicht gleich alle gemeinsam anzuwenden.

Zeitkarten und Jahreszeiten stellen lediglich **erweiterte,** also lediglich **zusätzliche Deutungsmöglichkeiten** dar.
Sie können, müssen aber nicht, in Ihre Deutung mit einbezogen werden, sobald Sie über ausreichend Erfahrung und Routine im Umgang mit den Karten sowie im Erkennen der Grundbedeutungen und Kombinationen verfügen, werden Ihnen auch diese Interpretationsvarianten leicht von der Hand gehen.
Machen Sie bei Ihrer Arbeit mit den Karten stets einen Schritt nach dem anderen.
Erkennen und akzeptieren Sie Ihre augenblickliche Ausgangslage und arbeiten Sie sich kontinuierlich voran.

Setzen Sie sich beim Kartenlegen niemals selbst unter Druck!

Haben Sie keine Angst! Was heute nicht geht, geht vielleicht morgen wie von selbst!
Mit jedem Versuch werden Sie sich auch in diesen Bereichen Schritt für Schritt ein Stückchen sicherer fühlen.
Vergessen Sie jedoch nicht, auch an diese Sache langsam und vorsichtig heranzugehen, um eventuelle Fehlinterpretationen zu vermeiden.

Tipp:
Wiederholen Sie die Aufgaben trotz allem immer wieder zu Ihrer eigenen Übung.
Auch wenn Sie im Umgang mit den Zeitkarten bereits versiert sind und sich auf sicherem Boden wähnen, so sollten Sie doch zu Ihrer eigenen Übung von Zeit zu Zeit **alle** möglichen Bedeutungen noch einmal durchgehen.

Auf diese Weise umgehen Sie das Risiko, selten gebrauchte Deutungen im Laufe der Zeit zu vergessen.

Zukunftskarten
im großen Kartenbild

Vorlage 1

Nr. 33 Schlüs-sel	Nr. 31 Sonne	Nr. 30 Lilie	Nr. 16 Sterne	Nr. 27 Brief	Nr. 3 Schiff	Nr. 11 Rute	Nr. 29 Frau
Nr. 21 Berg	Nr. 20 Garten	Nr. 32 Mond	Nr. 13 Kind	Nr. 28 Mann	Nr. 26 Buch	Nr. 8 Sarg	Nr. 23 Ratte
Nr. 5 Baum	Nr. 25 Ring	Nr. 17 Storch	Nr. 36 Kreuz	Nr. 34 Fische	Nr. 9 Blumen	Nr. 19 Turm	Nr. 4 Haus
Nr. 15 Bär	Nr. 14 Fuchs	Nr. 10 Sense	Nr. 1 Reiter	Nr. 7 Schlange	Nr. 24 Herz	Nr. 18 Hund	Nr. 12 Vögel
		Nr. 6 Wolken	Nr. 35 Anker	Nr. 22 Wege	Nr. 2 Klee		

Mit Hilfe der Vorlage 1 interpretieren wir die Karten nun bewusst in ihrer Funktion als **Zukunftskarten**.

Ein Blick auf das Kartenbild zeigt uns in der zweiten Reihe die **Zukunftskarte Nr. 26 Buch**.

- *Es ist noch nicht spruchreif.*
  Es zeichnet sich zwar bereits ab,
  man weiß gleichwohl noch nicht,
  wann, wie oder wo es geschehen wird.

Da es sich bei der Buchkarte um eine also um eine Zukunftskarte handelt, lesen wir nun von dieser Karte aus weiter in die Zukunft.

- *Es wird unter Umständen bald zu Magen-Darmproblemen kommen.*
  Dies ist aber gegenwärtig noch nicht erkennbar (spruchreif).
  Es ist also ungewiss, ***wann*** *diese Probleme auftreten werden.*
  Man sollte diese Warnung dennoch zu nutzen wissen, die Ernährung entsprechend umstellen und darauf achten, dass es gar nicht erst zu den möglichen Problemen kommt.

An dieser Stelle muss die Zukunftsinterpretation dieser Deutungslinie enden!

Im Unterschied zu den vorherigen Beispielen liegt die **Zukunftskarte Nr. 5 Baum** in der dritten Reihe gleich zu Beginn. Dies bedeutet, dass hier also die **gesamte Reihe** in die **Zukunft** gedeutet werden muss.

Wir lesen also:

- ***Zukünftig*** *wird sich die Ehe mit Sicherheit verändern.*

Stopp,

da wir mit der Karte **Nr. 36 Kreuz** bereits auf die nächste **Zukunftskarte** stoßen.

Kommt es zu dieser Konstellation von ***zwei Zukunftskarten*** innerhalb **einer Deutungslinie**, so spricht man ab der zweiten Zukunftskarte von der **ferneren Zukunft**.

Man kann demzufolge auch Ereignisse erkennen, die erst später, in **fernerer Zukunft** auftreten werden.

In der ferneren Zukunft

- *wird man Glück in Geldangelegenheiten haben. Dieses Glück resultiert aus erfolgreicher Arbeit. Dabei kann sich der Arbeitsaufwand allerdings auch auf den häuslichen Bereich ausdehnen.*

In Reihe fünf treffen wir dann auf die nächste ***Zukunftskarte*** **Nr. 35 Anker**

- *In der Zukunft, in einem Zeitraum von ungefähr 2 Jahren, wird man neue Wege gehen, welche sich als glücklich und Erfolg bringend erweisen werden.*

Wiederholung: Ein Blick in die Zukunft

1. Ungeachtet ihrer Position im Kartenbild können Sie von der jeweiligen **Personenkarte** aus gesehen in die Zukunft blicken.

2. Ungeachtet ihrer Position im Kartenbild können Sie von der jeweiligen **Themenkarte** aus gesehen in die Zukunft blicken.

3. Sie können aber auch von den **Zukunftskarten** ausgehen, egal, wo sich diese in Ihrem Kartenbild gerade befinden mögen.

Das gleiche gilt übrigens auch für den Blick in die Vergangenheit!

1. Ungeachtet ihrer Position im Kartenbild können Sie von der jeweiligen **Personenkarte** aus gesehen in die Vergangenheit blicken.

2. Ungeachtet ihrer Position im Kartenbild können Sie auch von der jeweiligen **Themenkarte** aus gesehen in die Vergangenheit blicken.

Die erweiterte Zukunft

Der Begriff **„erweiterte Zukunft“** bezeichnet Ereignisse, die erst in sehr ferner Zukunft auf uns zukommen werden. Grundsätzlich können Sie davon ausgehen, dass diese Geschehnisse Ihre Schatten auch noch nicht voraus werfen. In den meisten Fällen zeichnen sie sich also in unserem täglichen Leben noch nicht ab und werden erst viel später als Folgen ebenfalls zukünftiger Erlebnisse und Taten zu Tage treten.

Um diese Ereignisse in den Karten zu erkennen blicken wir zunächst einmal wie gewohnt in die Zukunft.

Auf die Themen, die wir nun in der „normalen“ **Zukunft** erkennen können, folgt **später** die **fernere Zukunft**, die mit Hilfe einer Zukunftskarte angezeigt wird (Siehe Vorlage 1).

Sind diese Ereignisse ebenfalls vorüber, so folgt die **erweiterte Zukunft**, die, wie in der Vorlage gezeigt, jeweils vom **Ende einer Reihe** aus gedeutet wird.

Auf den nachfolgen Seiten werden wir diese interessante Betrachtungsweise anhand einiger Beispiele erläutern.

In den in der Vorlage grau markierten Feldern muss eine der folgenden Karten liegen:

- **Nr. 5 Baum**
- **Nr. 26 Buch**
- **Nr. 35 Anker**
- **Nr. 36 Kreuz**

Nur von diesen 4 Zukunftskarten ausgehend können wir in die erweiterte Zukunft blicken!

Erweiterte Zukunft

Vorlage 2

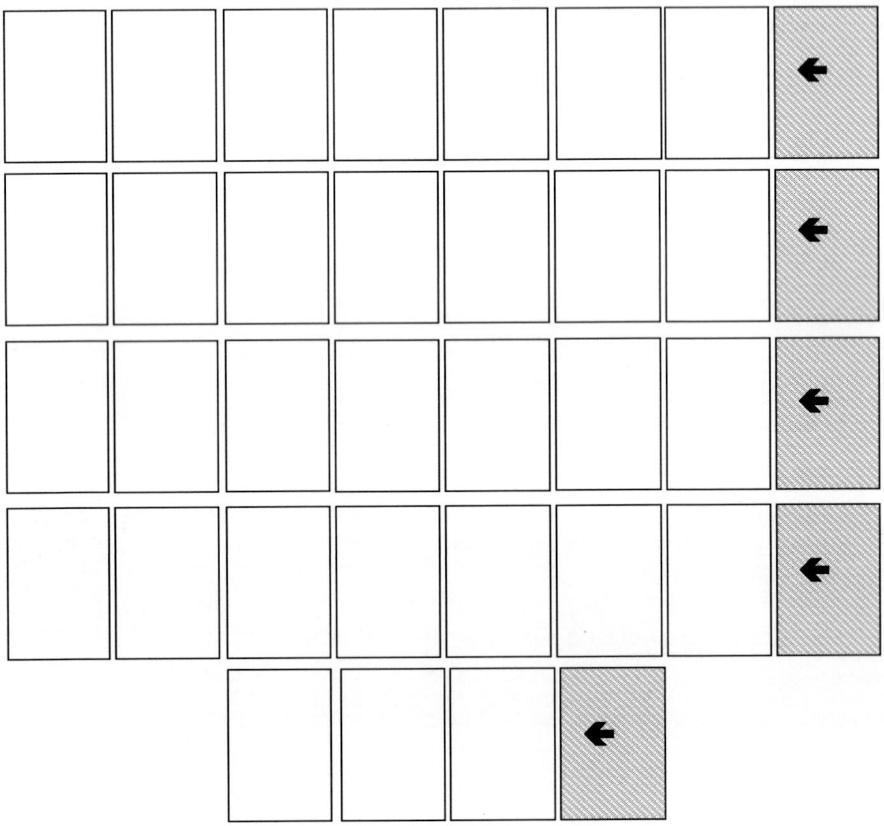

Erweiterte Zukunft

Vorlage 3

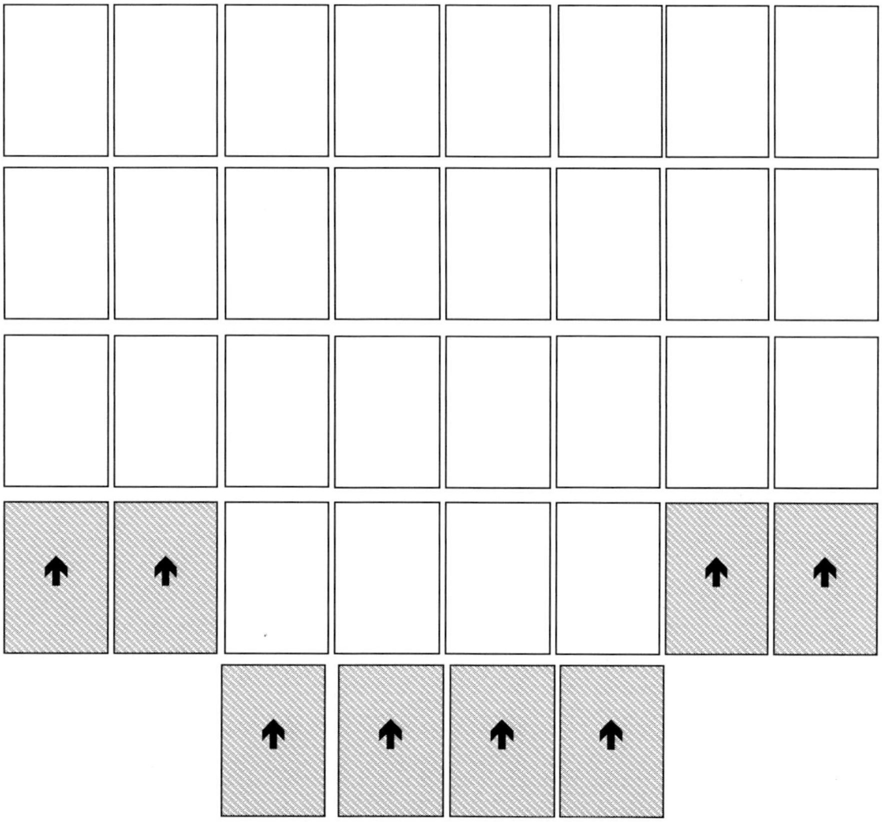

Dieses Kartenbild gehört einem Mann.
Wir schauen mit der Karte **Nr. 5 Baum** in die
erweiterte Zukunft
Nicht vergessen: Nr. 5. und Nr. 15 bedeutet auch: familiär

Übung 1

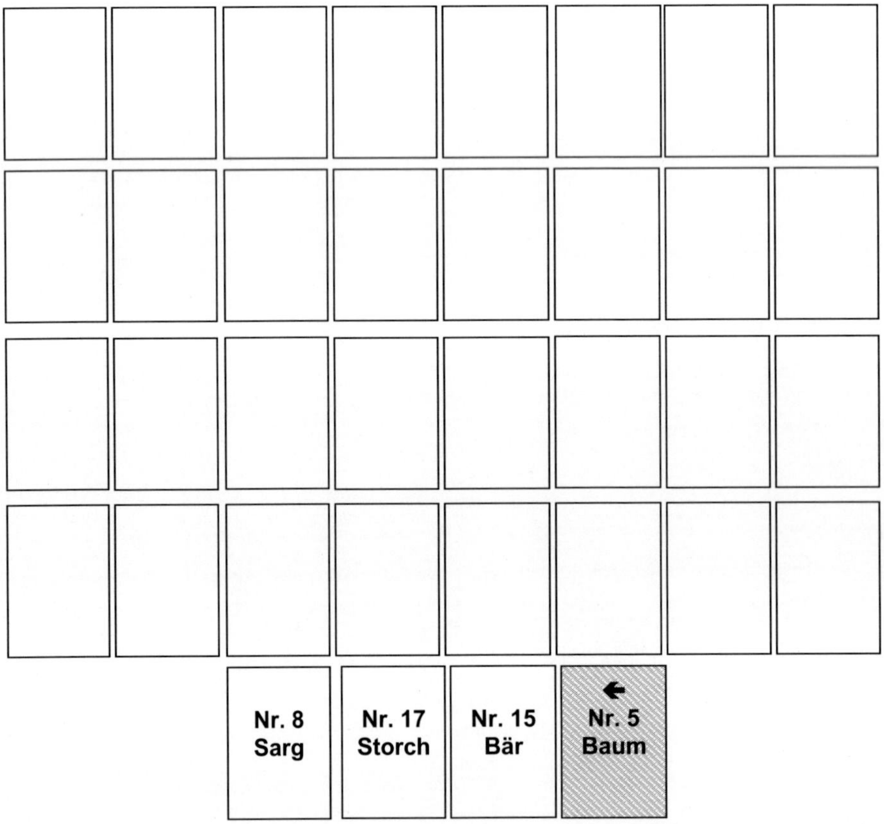

Achtung:

Wundern Sie sich nicht, wenn wir hier in die vermeintlich „falsche" Richtung interpretieren.

Da diese Reihe mit einer Zukunftskarte **abschließt**, können wir ja gar nicht anders, als nach links weiter interpretieren und dürfen daher die Richtung unserer Deutung sozusagen „verdrehen".

Denken Sie jedoch bitte immer daran, dass dies nur in einem solchen speziellen Fall möglich ist.

Natürlich kann es auch vorkommen, dass Sie eine senkrechte Deutungslinie vor sich haben, die mit einer Zukunftskarte abschließt.
Die erweiterte Zukunft lässt sich dementsprechend natürlich auch in senkrechter Richtung von unten nach oben lesen.
Auch dies kann man nur dann tun, wenn eine Zukunftskarte am Ende der Deutungsreihe liegt.

Bitte interpretieren Sie die **erweiterte Zukunft** von **der Karte Nr. 5 Baum (Zukunftskarte)** aus gesehen von **rechts nach links**!

....

....

....

Mein Lösungsvorschlag

in meinen Worten als mögliche Deutung

Übung 1:

- *In der erweiterten Zukunft wird dieser ältere Herr (Nr. 15 Bär) mit gesundheitlichen Probleme zu kämpfen haben. Diese Probleme werden sich auf seine Beine beziehen.*

  Tipp:
  Bitte vergessen Sie nicht, dass es sich durch die Konstellation Nr. 5 Baum und Nr. 15 Bär nicht um den Fragesteller selbst, sondern um einen Herrn aus dem Familienkreis handelt.

  Wir können also vermuten, dass es sich bei diesem Mann um den Vater oder Großvater des Rat suchenden Mannes dreht.

Tipp:
Wie auf der vorherigen Seite erklärt, können Sie von der **Baumkarte** aus gesehen die senkrechte Deutungslinie auch nach oben in die erweiterte Zukunft lesen.

Dieses Kartenbild gehört einer Frau

Ausgehend von der Karte **Nr. 36 Kreuz** blicken wir hier senkrecht nach oben, sowie waagrecht nach links in die erweiterte Zukunft.

Übung 2:

					Nr. 24 Herz		
					Nr. 33 Schlüs-sel		
					Nr. 19 Turm		
					Nr. 28 Mann ↑		
		Nr. 9 Blumen	**Nr. 25 Ring**	**Nr. 27 Brief**	**↑ ←Nr. 36 Kreuz**		

Übung 2:

Bitte interpretieren Sie die **erweiterte Zukunft** zunächst **senkrecht** von **Nr. 36 Kreuz** aus gesehen **von unten nach oben**!

....

....

....

....

Im zweiten Schritt deuten Sie die **erweiterte Zukunft** dann **waagrecht** von **Nr. 36 Kreuz von rechts nach links**!

....

....

....

....

Mein Lösungsvorschlag

in meinen Worten als mögliche Deutung

Übung 2:

- *In der erweiterten Zukunft wird die Frau, für die dieses Kartenbild gelegt wurde, durch ihren Arbeitsplatz einen Mann kennen lernen.*

  Die beiden werden sich daraufhin ineinander verlieben.

  Der Blick nach links in die erweiterte Zukunft (unterste Deutungslinie waagrecht), zeigt uns, dass diese Liebe durchaus ernst zu nehmen ist, denn die Rat suchende Dame wird von ihrem Freund sogar einen Heiratsantrag erhalten (Nr. 9 Blumen + Nr. 25 Ring + Nr. 27 Brief → erinnern Sie sich an diese Kombination?).

Ihre Notizen zu diesem Kapitel

Was habe ich in diesem Kapitel gelernt?

....

Mit welcher Deutungslinie hatte ich Schwierigkeiten?

....

Hatte ich mit der Formulierung noch Schwierigkeiten?

....

Mit welchen Zeitkarten hatte ich noch Schwierigkeiten?

....

Mit welcher Zukunftskarte hatte ich noch Schwierigkeiten?

....

In welchem Kapitel sollte ich nochmals nachlesen?

....

Welche Übungen sollte ich nochmals schriftlich machen?

....

Gratulation!

Nachdem Sie mittlerweile gelernt haben,
sich in einem großem Kartenbild zurecht zu finden,
sowie die einzelnen Themenkarten mitsamt
den dazugehörigen Deutungslinien auf Anhieb erkennen
und auch unter Berücksichtigung
des Kontextes interpretieren können,
werden wir nun im letzten Teil
dieses großen Selbstlernkurses
weitere ergänzende Legemethoden und
Deutungsmöglichkeiten
kennenlernen.

Dazu werden wir uns Schritt für Schritt gemeinsam
ein ganzes Kartenbild (Grand Tableau) erarbeiten,
um schließlich anhand unserer Karten
gezielte Fragen zu konkreten Themen
beantworten zu können.

Die Paarlesung

Beachten Sie bitte bereits vorab die Vorlagen 1 – 4!

- waagrecht Vorlage 1
- senkrecht Vorlage 2
- diagonal rechts Vorlage 3
- diagonal links Vorlage 4

Bei der so genannten Paarlesung handelt es sich um eine Methode zur Kartendeutung, die sich von den vorangehenden Interpretationstechniken erheblich unterscheidet.

Wundern Sie sich also nicht, wenn wir hier einmal die gewohnten Pfade verlassen und unsere Interpretation nicht wie bisher der Reihe nach Karte für Karte durchführen.

Stattdessen dürfen wir bei dieser Variante endlich auch einmal die eine oder andere Karte überspringen, und unsere Kartenreihe in bisher ungewohnter Weise zusammenfassen.

Diese interessante Art, die Karten zu betrachten bietet uns dabei sowohl eine **Erweiterung**, als auch eine **Bestätigung** der Aussagen, die wir bereits aus dem großen Tableau gewonnen haben.

Ehe wir die Paarlesung durchführen, sehen wir uns nämlich wie bisher gewohnt, zunächst einmal die allgemeine Aussage der jeweiligen Deutungslinie an.

Interpretieren Sie die Kartenreihe daher anfangs wie üblich, immer eine Karte nach der anderen und bleiben Sie dabei innerhalb Ihrer Deutungslinien.

Haben Sie die allgemeine Interpretation dann abgeschlossen und sich ein Bild von der Sachlage gemacht, so nehmen Sie im Anschluss daran **die Vorlage 1 *Kartenlesen waagrecht*** zur Hand und interpretieren Sie

- **die erste und die achte Karte gemeinsam im Zusammenhang.**

Interpretieren Sie den folgenden Vorlagen entsprechend weiter:

- **zunächst die 2. und die 7. Karte,**
- **daraufhin die 3. mit der 6. Karte,**
- **und zum guten Schluss die 4. und die 5. Karte.**

Übrigens:
Natürlich können Sie die Paarlesungen auch in andere Richtungen im Kartenbild durchführen.
Ebenso ist es natürlich möglich, statt der ersten lieber die zweite, dritte oder vierte Kartenreihe (waagrecht) oder eine beliebige senkrechte oder diagonale Linie zu nehmen.

Ob senkrecht, waagrecht, oder auch diagonal; wichtig ist einzig und allein, dass Sie innerhalb einer Deutungslinie bleiben und nicht aus einem Gefühl heraus beliebige Karten miteinander verbinden.

Brittas Tipp: ☞

Achtung: Die Paarlesung ist eine tolle Sache.
Lassen Sie sich von der Einfachheit und Ihrer Kreativität jedoch nicht dazu hinreißen, von der Grundaussage Ihrer vorangehenden Deutung abzuweichen.
Der Sinn muss weiterhin stimmig bleiben!
Die Paarlesung soll in erster Linie eine Bestätigung und eine Erweiterung der vorangehenden Aussage darstellen.

Paarlesung waagrecht

Vorlage 1

1	2	3	4	5	6	7	8
Herz	Wolken	Berg	Frau	Rute	Mond	Schiff	Sonne

Beispiele:

Betrachten Sie bitte die Vorlage 1!

Wie Sie sehen, handelt es sich bei der ersten Karte unserer Kartenreihe um die **Nr. 24 Herz** und bei der achten Karte um die **Nr. 31 Sonne**.

Lassen Sie uns diese beiden Karten nun miteinander verbinden und gemeinsam deuten:

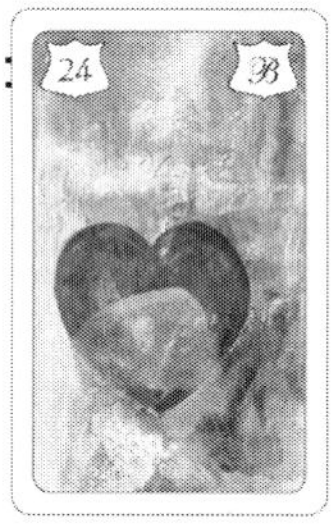

- *Die Liebe ist wunderschön.*

Danach deuten wir die zweite Karte
Nr. **6 Wolken** gemeinsam mit der siebten Karte **Nr. 3 Schiff**.

- *Es ist noch unklar, ob vielleicht eine Reise angetreten wird.*

Im Anschluss interpretieren wir die dritte Karte der Reihe,
Nr. 21 Berg, gemeinsam mit der sechsten Karte **Nr. 32 Mond**.

- *Die Gefühle sind (augenblicklich) verschüttet/belastet.*

Zum guten Schluss verbinden wir dann die vierte Karte
Nr. 29 Frau mit der fünften Karte **Nr. 11 Rute**.

- *Diese Person ist über die ganze Situation sehr verärgert, sucht vielleicht sogar Streit.*

Achten Sie bitte auch bei dieser Art der Kartendeutung immer darauf, dass sich auch eine sinnvolle Aussage ergibt!

Paarlesung senkrecht

Vorlage 2

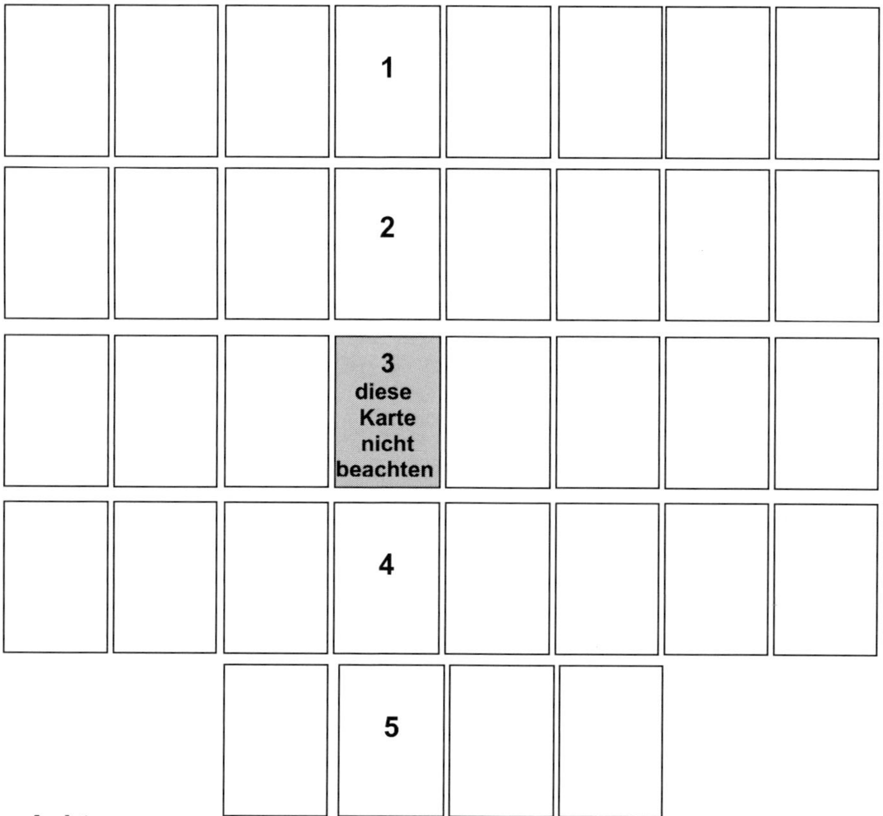

Achtung:
Aufgrund der ungeraden Anzahl an Karten bleibt bei der Paarlesung in einer senkrechten Deutungslinie die mittlere Karte übrig.
Da diese Karte somit keine Partnerkarte hat, können wir sie natürlich auch nicht gemeinsam mit einer anderen Karte interpretieren.
Übergehen Sie diese Karte bei der Paarlesung daher einfach.

Paarlesung diagonal

Vorlage 3

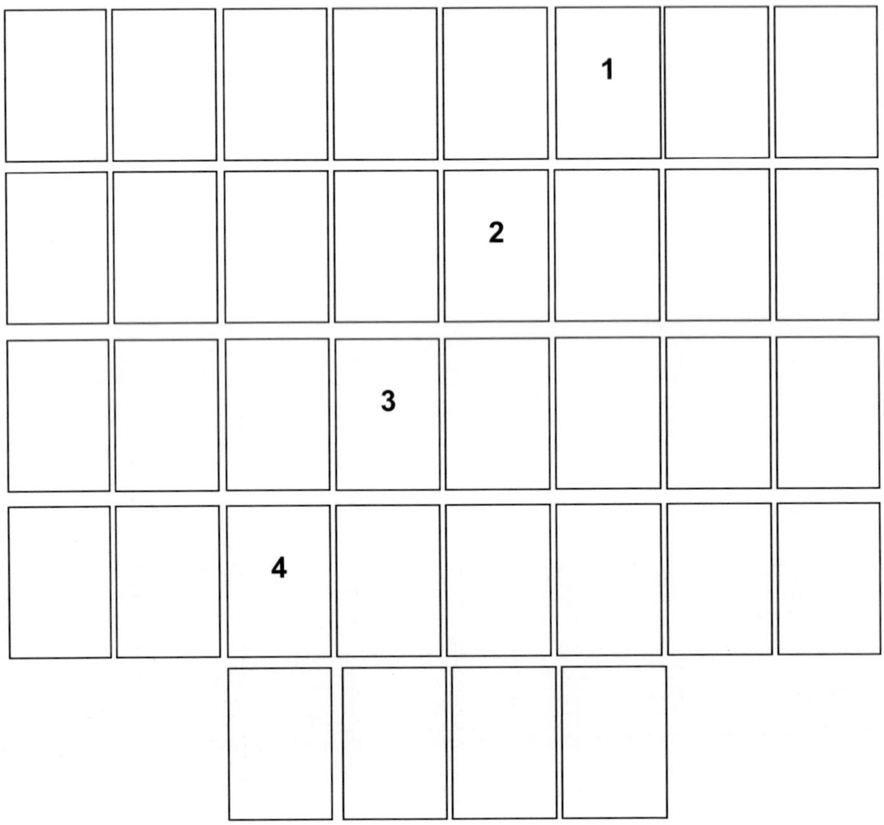

Bei dieser Diagonale verfügen Sie nun wieder über eine gerade Anzahl von Karten.
Deshalb bleibt hier auch keine mittlere Karte mehr übrig.

Paarlesung diagonal

Vorlage 4

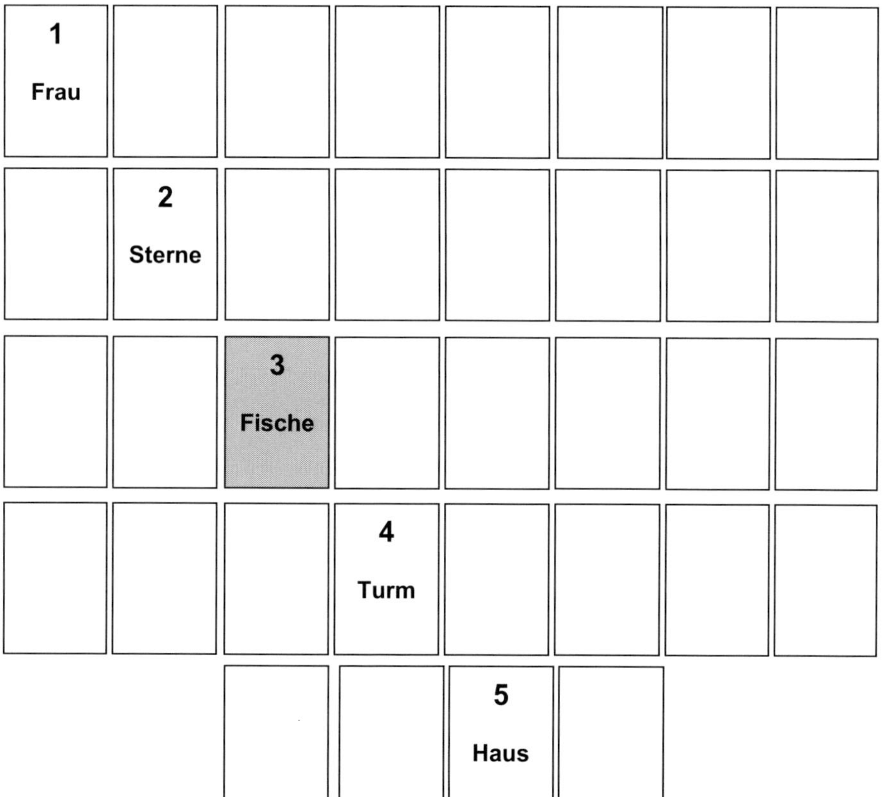

Bei der hier gezeigten diagonalen Paarlesung steht die mittlere Karte nun wieder allein und muss somit bei der Deutung übergangen werden.

Betrachten Sie die Vorlage bitte 4 erneut und versuchen Sie, die gezeigte Kartenreihe nachzuvollziehen.
Nun interpretieren Sie die dargestellte Deutungslinie, indem Sie eine Paarlesung durchführen!

Fassen Sie Ihre Eindrücke danach in einer abschließenden Aussage kurz zusammen!

1.+ 5. Karte

....

2. + 4. Karte

....

Zusammenfassung:

....

....

....

....

Denken Sie bitte daran, dass bei einer Deutungsreihe, die aus 5 Karten besteht, wieder eine mittlere Karte übrig bleibt, die nicht näher beachtet werden darf!

Mein Lösungsvorschlag
in meinen Worten als mögliche Deutung

Paarlesung Vorlage 4:

1.+ 5. Karte:

- *Diese Frau ist häuslich oder ans Haus gebunden.*

3.+ 4. Karte:

- *Sie könnte mit ihrer Intuition arbeiten.*

Zusammenfassung:

- *Diese Frau verfügt über großes Einfühlungsvermögen und viel Intuition.*
  Diese Fähigkeiten könnte sie durchaus auch beruflich nutzen.

  So könnte Sie dann innerhalb Ihres häuslichen Bereiches arbeiten und dort beispielsweise esoterische Beratungen durchführen.

Hier zeigt sich wieder, wie viele Möglichkeiten es gibt, ein einziges Kartenbild zu deuten.
Da Sie mittlerweile routiniert genug sind und erfolgreich die Regeln und verschiedene Interpretationsvarianten in jeder nur erdenklichen Richtung gelernt und geübt haben, können Sie immer tiefer und tiefer in die Kartendeutung hinein gehen.

Wiederholung:
Die verschiedenen Interpretationsmöglichkeiten

1. Ein Kartenbild kann immer Deutungsreihe für Deutungsreihe **von links nach rechts** gelesen werden.

2. Von einer **Personenkarte** oder aber einer bestimmten **Themenkarte** aus kann auch **von rechts nach links** in die **Vergangenheit** gedeutet werden.

3. Ebenso können Sie von einer **Personenkarte** oder einer **Themenkarte** ausgehend **nach rechts** in die **Zukunft** lesen.

4. Ausgehend von einer **Personenkarte** oder einer bestimmten **Themenkarte** können Sie **von unten nach oben** in die **Vergangenheit** blicken.

5. Jede **Person** und jedes relevante **Thema** kann auch **von oben nach unten** in die **Zukunft** gedeutet werden.

6. Befindet sich eine **Zukunftskarte am Ende einer Reihe**, so können Sie die Zukunft in die **Gegenrichtung** interpretieren.

7. Sie können
    - die 1. und die 8. Karte,
    - die 2. und die 7.
    - die 3. und die 6.
    - die 4. und die 5. jeweils als **Paar** lesen.

Dieses System lässt sich sowohl in **waagrechter**, als auch in **senkrechter** oder **diagonaler** Richtung anwenden!

Ihre Notizen zu diesem Kapitel

Was habe ich in diesem Kapitel gelernt?

....

Wobei hatte ich in diesem Kapitel noch Schwierigkeiten?

....

In welchem Kapitel sollte ich nochmals nachlesen?

....

Welche Übungen sollte ich nochmals schriftlich machen?

....

Herausnehmen jeder fünften Karte

Eine weitere Möglichkeit, die aus Ihrem Tableau gewonnenen Aussagen zu vertiefen, ergibt sich durch das Herausnehmen jeder fünften Karte.

Auf diese Weise enthalten wir sieben zusätzliche Karten, die wir nutzen können, und somit weitere Möglichkeiten, sieben besonders interessante Themen im Kartenbild noch ein wenig näher zu erläutern.

Machen Sie sich keine Sorgen; Diese Technik birgt keinerlei Schwierigkeiten. Im Gegenteil: Sie ist besonders leicht und schnell anzuwenden!

Auch bei dieser Methode gehen wir zunächst einmal wie immer vor:
Die Karten werden gemischt und zum großen Kartenbild ausgelegt.
Danach wird das Kartenbild Schritt für Schritt, Reihe für Reihe und Thema für Thema gedeutet und interpretiert.

Entfernt man nun im Anschluss an die eigentliche Interpretation jede fünfte Karte aus dem Kartenbild und legt diese beiseite, so erhält man insgesamt sieben zusätzliche Karten, die uns zu weiteren Erkenntnissen verhelfen können.

Die folgenden Beispiele werden Ihnen verdeutlichen, wie diese Erweiterung Ihnen konkretere Aussagen über augenblickliche Geschehnisse und die nächste Zukunft vermitteln kann.

Nach all den Mühen mit den Zeitkarten kommen wir an dieser Stelle endlich auch wieder einmal zu etwas leichterer Kost, die aber dennoch große Wirkung zeigen kann.

Jede 5. Karte herausnehmen

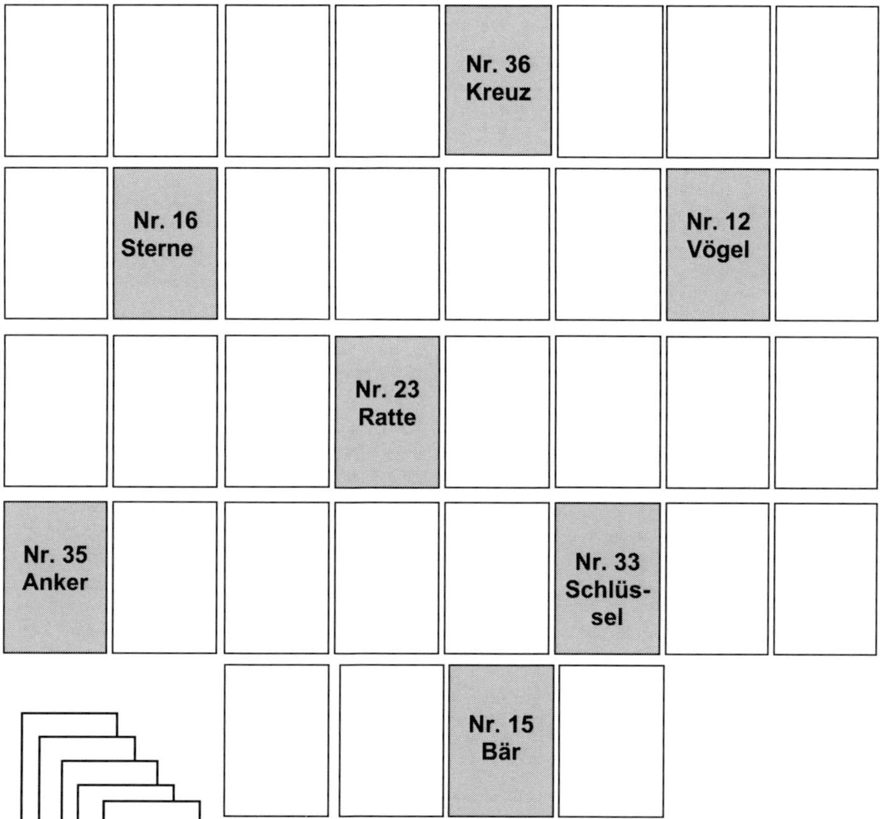

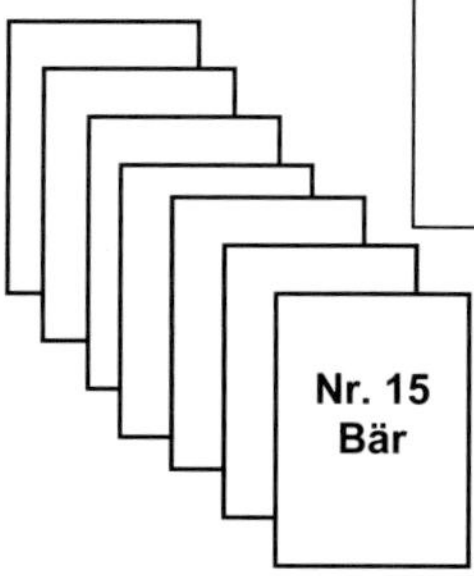

Dies sind die 7 grau markierten und später herausgenommenen Karten!

Gehen Sie jetzt folgendermaßen vor:

- *Legen Sie die sieben herausgenommenen Karten der Reihe nach offen vor sich auf den Tisch.*

- *Deuten Sie die Karten dann in der altbekannten Weise von links nach rechts, um die Geschehnisse der nächsten Zukunft näher zu beleuchten.*

Diese 7 soeben herausgenommenen Karten stellen das nächste Ereignis dar.

Bitte interpretieren Sie die 7 herausgenommenen Karten:

....

....

....

Meine Lösungsvorschläge

in meinen Worten als mögliche Deutung

- *In der Zukunft wird diese Frau von großen Ängsten geplagt werden.*

  Seelischer Kummer kann sich zu einer tief sitzenden und langwierigen Depression entwickeln, die an der Rat suchenden Person nagt.

  Sie wird also in der nächsten Zeit noch viel durchzustehen haben.

  *Deutet man die Ankerkarte nicht in der Aussage tief oder lang, sondern ordnet ihr eine zeitliche Funktion zu, so erkennt man, dass Kummer und Depressionen sie noch eine ganze Weile lang belasten werden (**Nr.16** + **Nr. 12** + **Nr. 23**).*

- **Beziehen Sie diese Karten bitte stets auf das bereits ausgelegte Kartenbild, so dass sich keine unlogischen Aussagen ergeben, die dann unter Umständen in keinerlei Zusammenhang zu dem zuvor Gesagten stehen.**

- **Das große Kartenbild und die Aussage der sieben ausgelegten Karten müssen in ihren Grundzügen also auf jeden Fall zueinander passen!**

Was unser Beispiel betrifft, so sollte man dieser Dame unbedingt Mut machen, nicht aufzugeben und zuversichtlich in die Zukunft zu sehen.

Ihre Ängste sind stark ausgeprägt und moralische Unterstützung tut deshalb in diesem Fall wirklich not.

Um noch weitere Informationen zu erlangen, können Sie nun mit diesen sieben Karten weiterarbeiten.

In wenigen Schritten lassen sich damit bestimmte Themenkarten aus dem Tableau abdecken und deuten:

Schritt 1:
Nehmen Sie die sieben herausgenommenen Karten wieder auf und mischen Sie diese gründlich.

Schritt 2:
Werfen Sie einen erneuten Blick in Ihr restliches Tableau.
Welche der dort angezeigten Themen interessieren Sie augenblicklich am stärksten?
Da Sie sieben „Antwortkarten" zur Verfügung haben, können Sie sich bei diesem System nun auch bis zu sieben Themen heraussuchen.

Schritt 3:
Ziehen Sie jeweils eine der herausgenommenen und gemischten Karten verdeckt und legen Sie diese dann auf eines der Themen, über die Sie mehr erfahren möchten.
Drehen Sie die Karte mit der Bildseite nach oben.

Schritt 4:
Deuten Sie jetzt das näher zu erläuternde Thema im Zusammenhang mit der jeweils gezogenen und darauf gelegten Karte.

Bemerkung:
Diese Aussagen der 7 Kartenpaare sollten wie sonst auch auf jeden Fall mit der Aussage des großen Kartenbildes übereinstimmen.

Ihre Notizen zu diesem Kapitel

☝ Was habe ich in diesem Kapitel gelernt?

....

☞ Wobei hatte ich beim Erlernen dieser Technik Schwierigkeiten?

....

📖 Welche Kapitel sollte ich noch einmal heranziehen und gründlich übern?

....

✎ Welche Übungen sollte ich dabei nochmals schriftlich machen?

....

Brittas Tipp: ☜

Weitere Übungen zu diesem Kapitel finden Sie im
Lehrbuch Professionelles Kartenlegen
„Ein Grundstein zur Existenzgründung"
In diesem Werk werden wir unsere Arbeit mit den sieben herausgenommenen Karten vertiefen, indem wir beispielsweise das große Kartenbild abdecken und anschließend zu einem weiteren Legesystem übergehen.

Dies wird uns helfen, die Aussagen der 7 gezogenen Karten weiter auszuarbeiten.

Vertiefung des Kartenlegens
Fragen zur Deutung eines Kartenbildes

Unterschiede in den Formulierungen

Die Tatsache, dass unterschiedliche Situationen immer auch unterschiedliche Vorgehensweisen und Formulierungen erfordern, ist Ihnen aus dem Alltag sicherlich bereits wohlbekannt.

Einem zufriedenen, glücklichen Menschen gegenüber wählen Sie andere Worte, als sie im Umgang mit einer bedrückten, vielleicht sogar verzweifelten, Person für angebracht halten.

Gerade beim Kartenlegen ist es nun wichtig, diese Anpassungsfähigkeit zu schulen und mit viel Gespür für Ihr Gegenüber einzusetzen.

Mit ein wenig Fingerspitzengefühl und dem nötigen Sinn für die Stimmung Ihres Gegenübers erkennen Sie bereits am Tonfall oder anhand der Gesprächslautstärke, in welcher Gemütslage sich Ihre Mitmenschen gerade befinden.

Im Gegensatz zu den vorausgehenden Übungen, die sich hauptsächlich auf Legetechnik und Fakten konzentrierten, wollen wir uns an diesem Punkt also eher den psychologischen Aspekten des Kartenlegens zuwenden.

Um den richtigen Ansatz für Ihr Beratungsgespräch zu finden, ist es unabdingbar, dass Sie sich von Ihren Kunden ein genaues Bild machen und ihre seelische Verfassung gut einschätzen können.

Dies erreichen Sie am einfachsten, indem Sie die benötigten Informationen in einer festgelegten Reihenfolge erfragen.

Kommen Kunden zu mir zur Beratung, so tragen sie gewöhnlich nicht nur ein einziges konkretes Problem, sondern vielmehr eine ganze Reihe ungelöster Fragen mit sich herum, die unter Umständen alle zum augenblicklich wichtigsten Problembereich beitragen können.

All diese Fragen möchten sie anhand des für sie ausgelegten Kartenbildes dann selbstverständlich auch beantwortet haben.

Mit der Beantwortung dieser Fragen ist es dabei allerdings in den seltensten Fällen getan, da all die Antworten und neuen Erkenntnisse, die sich aus dem jeweiligen Tableau gewinnen lassen, auch immer wieder neue Fragen und Probleme aufwerfen.

Möchte ein Kunde beispielsweise wissen, ob ein bestimmter Arbeitskollege ihn auszubooten oder zu hintergehen versucht, so wird er sich mit der schlichten Antwort „Jawohl, so ist es“ kaum zufrieden geben.
Vielmehr wird er wissen wollen, weshalb es zu dieser Situation kam, oder wie er in Zukunft darauf reagieren sollte.

In einem solchen Fall werden Sie froh sein, noch eine zusätzliche Karte auf dieses konkrete Thema legen zu können.

Mit Hilfe Ihrer Karten sollte es Ihnen nun gelingen, diese Themen näher zu erläutern und alle aufkommenden Fragen in kurzen, knappen aber dennoch aussagekräftigen Sätzen zu beantworten.

Dieses Kapitel soll Ihnen daher helfen, das Erkennen von Themen und Antworten innerhalb des von Ihnen ausgelegten Kartenbildes zu üben und Ihre Fähigkeit, rasch und präzise zu „sehen“, zu erweitern.

Kartenbild

Fragen zur Deutung eines Kartenbildes

Nr. 22 Wege	Nr. 18 Hund	Nr. 16 Sterne	Nr. 27 Brief	Nr. 36 Kreuz	Nr. 2 Klee	Nr. 7 Schlan-ge	Nr. 29 Frau
Nr. 21 Berg	Nr. 30 Lilie	Nr. 3 Schiff	Nr. 6 Wolken	Nr. 25 Ring	Nr. 11 Rute	Nr. 20 Park	Nr. 32 Mond
Nr. 34 Fische	Nr. 13 Kind	Nr. 17 Storch	Nr. 5 Baum	Nr. 15 Bär	Nr. 8 Sarg	Nr. 19 Turm	Nr. 12 Vögel
Nr. 28 Mann	Nr. 14 Fuchs	Nr. 23 Ratte	Nr. 4 Haus	Nr. 9 Blumen	Nr. 26 Buch	Nr. 10 Sense	Nr. 33 Schlüs-sel
		Nr. 35 Anker	Nr. 1 Reiter	Nr. 24 Herz	Nr. 31 Sonne		

Das ausgelegte Kartenbild gehört einem Mann

Bitte gehen Sie auch bei dieser Art der Deutung stets systematisch Schritt für Schritt vor.
Das Einhalten eines bestimmten Schemas, nachdem Sie immer wieder vorgehen können, wird Ihnen helfen, all jene Punkte abzudecken, die bei der Interpretation eine Rolle spielen können.

Gehen Sie jedes Mal in derselben Reihenfolge vor, gehen Sie kein Risiko ein, unter Umständen etwas zu übersehen oder zu vergessen.

Die vorgestellten **fünf Schritte zur Interpretation** sollten auch dann eingehalten werden, wenn lediglich konkrete Fragen zu einer aktuellen Situation beantwortet werden sollen.

Schritt 1:
Ziehen einer Tageskarte

Bedeutung der Tageskarte:

……………………………………………………………………..

Wie kann ich die Information aus der Tageskarte mit der Information seitens des Kunden verbinden?

……………………………………………………………………..

Was sollte ich später im Kartenbild in Verbindung mit der Tageskarte beachten?

……………………………………………………………………..

Schritt 2:
Auslegen des großen Kartenbildes (Grand Tableau).

Werfen Sie nun einen tiefen Blick in Ihr Tableau und beantworten Sie die folgenden Fragen:

Tipp:
Bitte vergessen Sie nicht, zusätzlich immer auch gleich nach Kombinationen zu schauen und den gesamten Verlauf der Kartenreihe mit in Ihre Deutung einzubeziehen!

Welches Problem steht augenblicklich an?

....

Denkt dieser Mann oft an die Vergangenheit
oder ist er eher zukunftsorientiert?

....

Denkt die Ehefrau dieses Mannes oft an die Vergangenheit
oder ist sie eher zukunftsorientiert?

....

Schritt 3:
Suchen nach wichtigen Themen innerhalb des Kartenbildes

Läuft dieser Mann Ihrer Meinung nach Gefahr, seine Arbeitsstelle zu verlieren?

....

Übt seine Ehe eine gesundheitliche Belastung auf ihn aus?

....

Erkennen Sie eine Scheidung im vorliegenden Kartenbild?

....

Würden Sie diesem Mann zu einer Flugreise ins Ausland raten?

....

Erkennen Sie, ob seine Ehefrau momentan glücklich ist?

....

Sehen Sie, ob dieser Mann derzeit ein glückliches Leben führt?

....

Wie würden Sie die finanzielle Situation des Klienten einschätzen?

....

Welche weiteren Themen oder Fakten erkennen Sie in diesem Tableau?

....

Schritt 4:
Hinzuziehen weiterer Hilfsmittel, wie beispielsweise der

- **Ergänzungskarten**
- **Zigeunerkarten**
- **Stimmungskarten***

Würden Sie diesen Herrn bitten, zu einem der genannten Themen eine Stimmungskarte zu ziehen?
Begründen Sie Ihre Entscheidung!

....

Zu welchem Thema würde sich diese Analysemethode Ihrer Meinung nach besonders gut eignen?

....

**Diese Karten erhalten Sie jeweils im Set mit dazugehörigem Buch über den Brika-Verlag. Sie können Ihnen helfen, Ursachen, Stimmungen oder geeignete Reaktionen zu erörtern, sind jedoch zum Kartenlegen nach Madame Lenormand nicht unbedingt erforderlich. Näheres über* www.kartenlegekurse.de

Würden Sie Ihren Klienten eine Ergänzungskarte ziehen lassen?
Begründen Sie Ihre Entscheidung!

....

Würden Sie zusätzlich noch eine Zigeunerkarte ziehen lassen?
Wenn ja, weshalb wäre dies Ihrer Meinung nach ratsam?

....

Schritt 5:
Fassen Sie die einzelnen Aussagen aus dem großen Tableau nun bitte in einer abschließenden Gesamtinterpretation zusammen!

Tipp:
Haben Sie die Interpretation anhand der Lenormand-Karten erst einmal abgeschlossen, wird Ihr Gespräch persönlicher und freier werden.
Gerade die Zusatzkarten beziehen sich stark auf die Gefühle des Einzelnen.
An dieser Stelle können Sie dann selbstverständlich auch persönliche Ratschläge mit einfließen lassen.

Machen Sie Ihren Kunden dabei jedoch stets unmissverständlich klar, dass es sich bei dieser Aussage um einen gut gemeinten menschlichen Tipp Ihrerseits handelt, und keinesfalls um eine Aussage, die Sie den Karten direkt entnommen haben.

Ihre abschließende Zusammenfassung der Situation:

....

....

....

....

....

Tipp:
Wenn Sie möchten, können Sie nun auch noch jede fünfte Karte aus dem Kartenbild herausnehmen und die sieben auf diese Weise gewonnenen Karten auf besonders wichtige Themen, wie beispielsweise die Ehe des Mannes, legen.
Dadurch gewinnen Sie auch hier wieder eine ganze Reihe zusätzlicher Aussagen, mit deren Hilfe Sie Ihre Interpretation weiter vertiefen können!

Brittas Tipp:

Bitte machen Sie sich keine Gedanken, wenn Sie glauben, nicht rasch genug Fortschritte zu machen.

Es ist besser, sich mit kleinen Schritten seinem Ziel langsam anzunähern, als schnell und unüberlegt in die entgegen gesetzte Richtung zu laufen!

Meine Lösungsvorschläge

in meinen Worten als mögliche Deutung

Schritt 1:
Ziehen einer Tageskarte

→ *Diese Frage können Sie nur selbst anhand der jeweils gezogenen Tageskarte beantworten.*

Schritt 2:
Auslegen des großen Kartenbildes (Grand Tableau)

- Welches Problem steht augenblicklich an?

→ *Zur Beantwortung dieser Frage ziehen Sie die erste Karte des Tableaus heran.*

Nr. 22 Wege

Entscheidungen sind angesagt. Suchen Sie nach Lösungen!

→ Augenblicklich hat der Mann, auf den sich dieses Kartenbild bezieht, also mit Entscheidungen zu kämpfen

Ein weiterführender Blick auf die angrenzenden Deutungslinien zeigt uns, dass sich diese Entscheidungen sowohl um seinen Sohn (Nr. 18 Hund) drehen, um den er sich aufgrund seiner großen Sensibilität übermäßig Sorgen macht, als auch um finanzielle Probleme, die ihm augenblicklich äußerst schwerwiegend erscheinen (Nr. 21 Berg und Nr. 34 Fische).

- Denkt dieser Mann oft an die Vergangenheit oder ist er eher zukunftsorientiert?

→ Da die Personenkarte dieses Mannes (Nr. 28 Mann) bereits in der 4. Reihe des Kartenbildes liegt, ist sein Blick eher zurück in die Vergangenheit gerichtet.

- Denkt die Ehefrau dieses Mannes oft an die Vergangenheit oder ist sie eher zukunftsorientiert?

→ Die Personenkarte der Ehefrau (Nr. 29 Frau) liegt gleich zu Beginn des Kartenbildes in der ersten Reihe

Daher können wir bei ihr von einer zukunftsorientierten Frau sprechen, die den Blick stets nach vorne in die Zukunft gerichtet hält.

- Läuft dieser Mann Ihrer Meinung nach Gefahr, seine Arbeitsstelle zu verlieren?

→ Nimmt man sich die Themenkarte Nr. 19 Turm (Arbeit) vor, so sieht man diese gleich von mehreren negativen Karten umgeben.
Links der Turmkarte befindet sich die Nr. 8 Sarg, rechts davon die Nr. 12 Vögel.

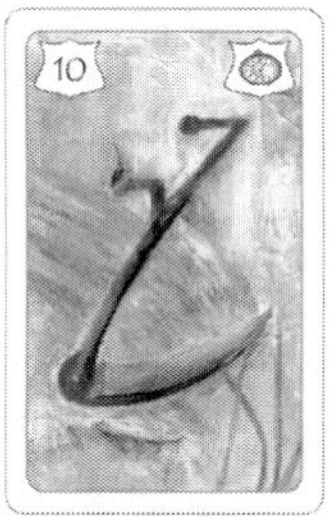

Entscheidend ist an dieser Stelle allerdings die ***senkrechte Verbindung der beiden Karten Nr. 19 Turm und Nr. 10 Sense****.*
Die Gefahr einer Kündigung ist also durchaus gegeben.

- Übt seine Ehe eine gesundheitliche Belastung auf ihn aus?

→ Aus der Diagonalen erkennen wir, dass diese Ehe tatsächlich eine gesundheitliche Belastung für den Klienten sein könnte.

- Erkennen Sie eine Scheidung im vorliegenden Kartenbild?

→ Verfolgt man die soeben angesprochene diagonale Deutungslinie weiter, so zeichnet sich die Scheidung immer deutlicher ab.
Diese Ehe stellt nicht nur eine erhebliche Belastung dar, sie wird auch mit hoher Wahrscheinlichkeit geschieden werden.

- Würden Sie diesem Mann zu einer Flugreise ins Ausland raten?

→ Hier gilt es, die Karten Nr. 35 Anker und Nr. 17 Storch (in der Kombination: Flugreise ins Ausland) einer genaueren Betrachtung zu unterziehen.

Zwischen diesen beiden Karten liegt nicht nur die Nr. 23 Ratte, auch Tränen und Depressionen liegen in Form der Karte Nr. 16 Sterne innerhalb dieser Kartenreihe.

Ich persönlich würde diesem Vorhaben, das in der Zukunft sicherlich anstehen wird, daher eher skeptisch gegenüberstehen.

- Erkennen Sie, ob seine Ehefrau momentan glücklich ist?

Senkrechte Deutungslinie ausgehend von Nr. 32 Mond:

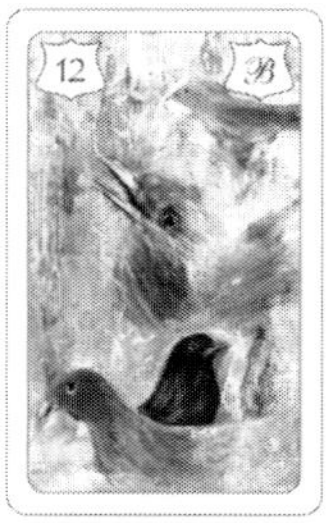

→ *Anhand dieser Karten erkennen wir, dass auch die Ehefrau des Rat suchenden Herrn stark mit ihren Gefühlen zu kämpfen hat.*

Die Schlüsselkarte am Ende der Reihe zeigt jedoch auch, dass sie über die nötige Kraft verfügt, über diesen Kummer hinwegzukommen und ihr Leben trotz aller Sorgen und Nöte noch immer fest im Griff hat.

Wir können also vermuten (hier handelt es sich allerdings über eine rein subjektive Vermutung!), dass auch die Ehefrau von einer wohl überlegten Entscheidung über ihre Ehe profitieren würde.

Tipp:
Bitte vergessen Sie bei Ihrer Deutung nicht, dass sowohl die Karte Nr. 12 Vögel, als auch die Karte Nr. 33 Schlüssel mehrere Bedeutungen aufweisen können.
Daher können wir hinzufügen: Sie sollte sich ***bemühen****, die ganze Misere endlich* ***in die Hand zu nehmen****.*

- Sehen Sie, ob dieser Mann derzeit ein glückliches Leben führt?

→ Das Leben dieses Mannes ist derzeit vornehmlich von Problemen überschattet.

Wir erkennen sowohl finanzielle Belastungen, als auch die Angst, finanziell und auch im häuslichen Bereich hintergangen zu werden.

Ob und inwieweit diese Ängste auch berechtigt sind, können wir aus dem Kartenbild allerdings nicht ersehen.

Bemerkung:
In der waagrechten Deutungsreihe des Mannes liegt ebenfalls das Buch Nr. 26.
Es ist also noch lange nichts spruchreif.

Achtung:
Von dieser Karte an lesen Sie weiter in die Zukunft!

- Wie würden Sie die finanzielle Situation des Konsultanten einschätzen?

→ Wie bereits vorangehend erwähnt sorgt sich der Kunde um seine finanzielle Lage.
Er fürchtet, hintergangen und ausgenommen zu werden.

- Welche weiteren Themen oder Fakten erkennen Sie in diesem Tableau?

→ *Wie immer können Sie sich jedes beliebige Thema aus dem Tableau heraussuchen und dieses weitergehend deuten.*

Üblicherweise bieten sich Themenbereiche wie Liebe, Zukunft, eventuelle Kinder oder deren schulische Probleme besonders an

- Würden Sie diesen Herrn bitten, zu einem der genannten Themen eine Stimmungskarte zu ziehen?
  Begründen Sie Ihre Entscheidung!

→ *Ob und an welcher Stelle Sie eine Stimmungskarte ziehen lassen, bleibt wie üblich ganz Ihnen selbst und Ihrem Gefühl überlassen.*

Die Stimmungskarten bieten sich an, wenn sich eine Situation noch vollkommen in der Schwebe befindet.

Je mehr Unklarheiten es noch zu beheben gilt, desto eher eignet sich das Ziehen einer solchen Karte, um zunächst einmal zu ergründen, welche Gefühle eine Sache überhaupt in uns auslöst, und ob wir uns in der Gegenwärtigen Situation noch wohl fühlen können.

- Zu welchem Thema würde sich diese Analysemethode Ihrer Meinung nach besonders gut eignen?

→ *Ich persönlich würde bezüglich des vorangehenden Tableaus dazu tendieren, zu Themen wie Liebe und Ehe eine Stimmungskarte ziehen zu lassen.*

So lassen sich dann auch Fragen nach einer eventuellen Scheidung leichter einordnen und deuten.

Auch den Einsatz der übrigen Zusatzkarten sollten Sie von der jeweiligen Lage abhängig machen.

Zu Themen wie Befürchtungen oder Finanzen könnte man an dieser Stelle unter Umständen noch weitere ergänzende Karten aus den zusätzlichen Kartensets (Ergänzungskarten, Zigeunerkarten, Stimmungskarten etc.) ziehen lassen.

Tipp:
Auch hier gehe ich nun wieder ganz methodisch vor.
Die Informationen, die ich für meine Beratungen benötige, frage ich immer in derselben Reihenfolge ab und handle auch sonst stets nach dem folgenden Muster:

- Erfragen des Geburtsdatums
- Erfragen der Geburtsdaten des Partners/ der Partnerin*
- Reinigen der Karten mit dem Energie-Pfeil
- Karten an die Kundschaft weiterreichen und mischen lassen

Während die Karten von meiner Kundschaft gemischt werden, nutze ich die gewonnene Zeit zur Berechnung der nachfolgenden Daten:

- Sternzeichen mit jeweiliger Dekade
- Lebenszahl aus der Numerologie
- Jahreszahl aus der Numerologie

**Eine Einführung in die Numerologie, sowie eine schnelle Astrologie als Hilfestellung zum Kartenlegen finden Sie im Lehrbuch Professionelles Kartenlegen: Hilfsmittel, Techniken, Fakten, Tipps und Tricks zur Selbständigkeit.)*

So erhalte ich bereits erste Auskünfte über die Charakterzüge und Eigenschaften meiner Kunden.
Nachdem die Karten fertig gemischt wurden, nehme ich sie wieder an mich und lege sie zu einem Tableau aus.
Bereits bei der ersten Karte kann ich mit meiner Situationsanalyse beginnen.

- Je nach Lebenslage der fragenden Person muss natürlich auch das Kartenbild angemessen gedeutet werden.

- Würden Sie Ihren Klienten eine Ergänzungskarte ziehen lassen?
  Begründen Sie Ihre Entscheidung!

→ *Auch dies würde ich von meiner persönlichen Einschätzung und meinem Bauchgefühl abhängig machen.*

Grundsätzlich eignen sich diese Karten natürlich in jedem Fall zur weiteren Beratung.

- Würden Sie zusätzlich noch eine Zigeunerkarte ziehen lassen? Weshalb wäre dies Ihrer Meinung nach ratsam?

→ *Antwort: Siehe oben*

- Fassen Sie Ihre Aussagen nun bitte in einem abschließenden Ratschlag an Ihren Konsultanten zusammen!

→*Grundsätzlich würde ich diesem Mann raten, sich nicht unnötig mit Sorgen zu belasten.*

Aus den Karten erkennen wir, dass er dazu neigt, sich viele Gedanken über sein Leben und seine Mitmenschen zu machen.

Wer derart mit seinen Mitmenschen „mit-leidet“, steigert sich unter Umständen so sehr in seine Sorgen hinein, dass er schlussendlich nicht länger in der Lage ist, einen klaren Gedanken zu fassen.
Bei diesem Kunden scheint nun genau dies zuzutreffen.

Inzwischen überschattet sein angeschlagenes Seelenleben nämlich nicht nur seine Ehe und Familie, sondern auch seine finanzielle Situation, sowie seinen beruflichen Alltag.

Beginnt er nicht endlich, sein Leben in die Hand zu nehmen, anstatt sich in Grübeleien zu verlieren, so könnte er sowohl seine Familie, als auch seinen Arbeitsplatz verlieren.

Die Ehefrau dieses Mannes ist hingegen von anderer Natur.

Da es sich bei ihr eher um eine Person handelt, die die Dinge beim Schopf packt und tatkräftig erledigt, was es zu erledigen gilt, wäre es durchaus denkbar, dass sie das jammernde, grüblerische und dadurch auch untätige Wesen ihres Mannes nicht länger ertragen kann und einen Schlussstrich unter ihre Ehe ziehen wird.

Abschließend bleibt uns nur, diesem Mann zu raten, sich zukünftig endlich dazu zu entschließen, etwas zu unternehmen und sein Leben Schritt für Schritt wieder in die Hände zu nehmen.

Die letzte Kartenreihe zeigt uns nämlich auch, dass er durchaus in der Lage dazu wäre, wieder Erfolge für sich zu verbuchen, sobald er es einmal geschafft hat, seine Sorgen anzugehen und wieder ein wenig positiver in die Zukunft zu sehen.

Ihre Notizen zu diesem Kapitel

Was habe ich in diesem Kapitel gelernt?

....

Mit welcher Deutungslinie hatte ich in diesem Kartenbild noch Schwierigkeiten?

....

Wie erging es mir bei der Formulierung der Ratschläge?

....

Mit welchen Zeitkarten hatte ich noch Schwierigkeiten?

....

Welche Zukunftskarten muss ich mir noch besser merken?

....

In welchem Kapitel sollte ich nochmals nachlesen?

....

Welche Übungen sollte ich nochmals schriftlich machen?

....

Schnelllegung

Nachdem wir uns nun mit den ausführlichen Lege- und Deutungsweisen des großen Kartenbildes befasst haben, möchte ich Ihnen in diesem Kapitel eine ganz besondere Technik aufzeigen, mit deren Hilfe Sie einen schnellen und einfachen Blick auf ein ausgesuchtes Thema werfen können.

Bei der so genannten Schnelllegemethode wird anstatt eines größeren Sachzusammenhanges jeweils nur ein ganz bestimmtes Einzelthema untersucht.
Weitere Sachgebiete können bei dieser Kurzlegung daher selbstverständlich kaum erörtert werden.
Dazu liegen bei der Schnelllegetechnik nicht genügend Karten aus.
Die Schnelllegetechnik eignet sich jedoch ganz hervorragend für besonders dringliche Fragen zu einem bestimmten Thema.

Stellen Sie Ihre Frage hierzu so klar und präzise wie möglich und entnehmen Sie dem Tableau (oder auch nur dem Deck an sich – für diese Methode brauchen Sie zuvor kein großes Kartenbild ausgelegt zu haben) die entsprechenden Karten (Wenn Sie z.B. wissen möchten, weshalb „er" sich nicht wie versprochen bei Ihnen meldet, so suchen Sie sich also dementsprechend die Karten Nr. 28 Mann, sowie die Nr. 27 Brief, aus dem Deck heraus.)

Führen Sie nun Ihre Schnelllegung durch.
Eine Anleitung hierzu erhalten Sie auf den folgenden Seiten!

Sollten Sie mit der Aussage der Schnelllegung noch nicht vollständig zufrieden sein, so empfehle ich Ihnen mit Hilfe der Ergänzungskarten nachzufragen und das Thema auf diese Weise umfassend zu erörtern.

Durchführung:

Zur Durchführung der Schnelllegung benötigen wir Ausnahmsweise einmal **2 Kartendecks**.

Das erste Kartendeck ist dabei für die Frage bestimmt, die wir genauer untersuchen möchten.

Suchen Sie sich einfach die passende/n Themen- oder Personenkarte/n (z.B. Nr.34, Nr. 6 und Nr. 15) aus dem ersten Kartendeck heraus.

Das zweite Kartendeck benutze ich für die Antwort.

Hierzu mische ich das Deck, ziehe 11 Karten und lege sie wie im untenstehenden Beispiel gezeigt aus.

Tipp:
Bei dieser Methode handelt es sich zwar um eine Technik, die sich zu jeder Zeit schnell und einfach anwenden lässt, Sie sollten sich davon allerdings nicht dazu verführen lassen, Ihre Karten auch nur schnell und somit oberflächlich zu deuten!
Gerade bei den Schnelllegungen neigen wir nämlich dazu, wichtige Bezüge und Zusammenhänge, wie etwa Kombinationen oder Zeit- und Zukunftskarten einfach zu übersehen.
Wie Sie wissen, führt dies gerne zu Fehldeutungen!
Vergessen Sie bitte auch nicht, sich während der Ziehung stets genau auf Ihre Frage zu konzentrieren.

Die **10. und 11**. **Karte** liegen etwas abseits.
Sie werden einzeln als Ergebnis gedeutet.

Bitte die Karten wie in der Vorlage auslegen:

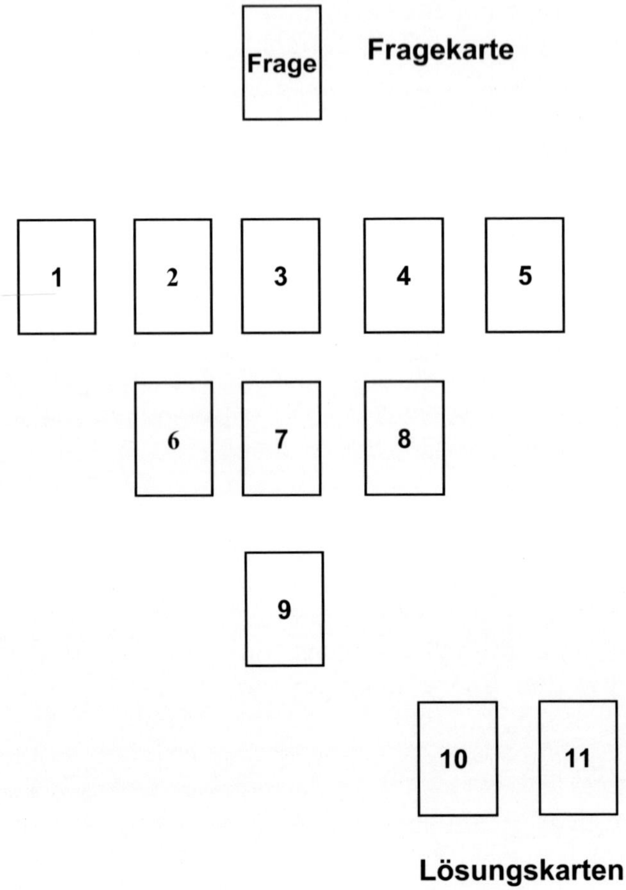

Fallbeispiel:

Eine Kundin hat einem Freund eine nicht unerhebliche Summe Geld geliehen.

Nun ist sie ein wenig besorgt darüber, ob sie dieses Geld jemals wieder zurückbekommen wird, denn dieser Freund meldet sich in der letzten Zeit immer seltener bei ihr und weicht Fragen über seine finanzielle Situation grundsätzlich aus.

Frage: Bekomme ich mein verliehenes Geld wieder zurück?

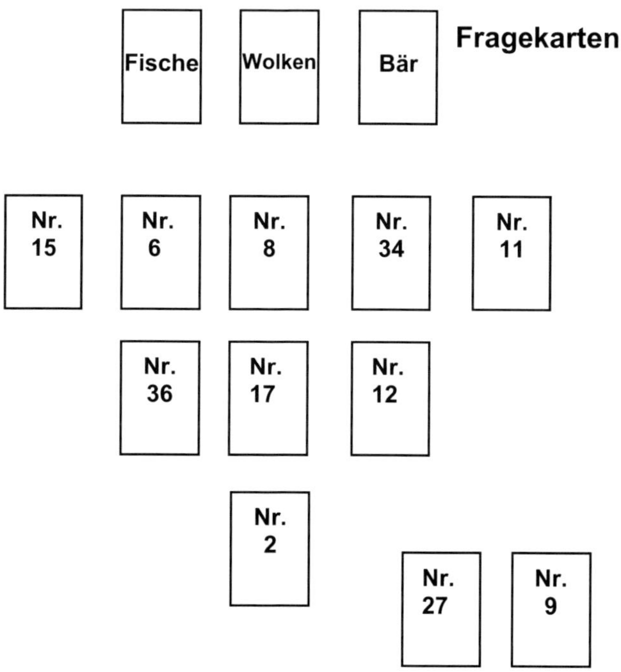

Ihre Interpretation:

Im Moment:

....

In der ersten Reihe:

....

In der zweiten Reihe:

....

Ratschlag:

....

Brittas Tipp:

Weitere Übungen zu Schnelllegung finden meinem Buch **„ weitere Legesysteme mit vielen Fallbeispielen“** sowie im Lehrbuch „**Professionelles Kartenlegen Hilfsmittel, Techniken, Fakten, Tipps und Tricks zur Selbständigkeit**“.
Hier finden Sie Kurzlegungen zu Themen wie Eigenschaften, Gedanken und Gefühlen einer Person.

Mein Lösungsvorschlag

in meinen Worten als mögliche Deutung

Im Moment sieht es im Kartenbild nicht so aus, als ob die Kundin ihr Geld wieder zurück bekäme.

In der ersten Reihe erkennen wir, dass dieser Mann (Nr.15) tatsächlich in finanziellen Schwierigkeiten steckt, und damit auch großen Ärger hat.
Derzeit weiß er beim besten Willen nicht, ob er das geliehene Geld je zurückbezahlen kann.

In der zweite Reihe zeigt sich dann, dass eine Veränderung eintreten wird.
Nach Ablauf einer gewissen Zeitspanne wird sich seine Lage also scheinbar bessern und er wird sich dann auch sehr darum bemühen, seiner Freundin die ausgelegte Summe zurück zu geben.
Allerdings wird sich die Kundin noch etwa 2 Monate lang gedulden müssen, bis ihr Freund wieder über die nötigen finanziellen Mittel verfügt.
Das Warten wird sich jedoch lohnen, denn die **letzten** beiden **Karten** sagen aus, dass die Kundin zumindest einen großen Teil ihres Geldes zurückbekommen wird.

Nun möchte die Kundin trotzdem wissen, ob sie das Glück haben wird, die gesamte verliehene Summe zurück zu erhalten?

Deshalb bitte ich meine Kundin im Anschluss an die Schnelllegung, noch eine Ergänzungskarte zu ziehen, die ich auf die Karten Nr.27 und Nr.9 lege.*

**Die Ergänzungskarten mit dazugehörigem Buch erhalten Sie über www.kartenlegekurse.de oder direkt über den Brika-Verlag unter www.brika-verlag.de*

Wunderbarerweise handelt es sich hier um, die Jokerkarte.

Joker
Mildert Negatives
Verstärkt Positives
Chance
Hilfe
Unverhofftes Glück

Im Laufe der Zeit wird diese Kundin den Betrag tatsächlich vollständig zurückerhalten.

Sie braucht sich also keine Sorgen zu machen, muss nur die notwendige Geduld aufbringen und ein wenig Bereitschaft zeigen, die unangenehme finanzielle Lage Ihres Freundes zu verstehen und ihm die nötige Zeit zu lassen, seine Angelegenheiten in Ordnung zu bringen.

Trotzdem rate ich ihr an dieser Stelle, sich von Zeit zu Zeit immer wieder einmal bei ihrem Freund nach dem Verbleib ihres Geldes zu erkundigen.
Dies sollte allerdings in aller Freundschaft geschehen, ohne ihn damit noch zusätzlich allzu sehr unter Druck zu setzen.

Tipp:
Bekanntermaßen hört bei Geld zwar die Freundschaft auf, im Zweifelsfall ist ein guter Freund jedoch unbezahlbar.

Schlusswort

Nachdem Sie so emsig gelernt und geübt, und sich nun auch die Inhalte des vorliegenden Fortgeschrittenenkurses zu eigen gemacht haben, verfügen Sie – fleißiges Weiterüben Ihrerseits sei an dieser Stelle allerdings vorausgesetzt – bereits über die wichtigsten Voraussetzungen für einen routinierten Umgang mit Ihren Lenormand-Wahrsagekarten.

In diesem Zusammenhang möchte, ja muss, ich Sie noch einmal nachdrücklich auf die Wichtigkeit dieser Basisübungen hinweisen.
Üben Sie bitte weiterhin täglich mit Ihren Karten und ziehen Sie auch die Übersicht über die Aussagen der einzelnen Karten, sowie die zuweilen recht einfachen Einstiegsübungen aus den ersten beiden Bänden dieses großen Selbstlernkurses immer wieder zu Rate.

Wie Ihnen bekannt ist, ist dieses Grundwissen das solide Fundament, auf dem Sie Ihr Weiteres Wissen als Kartenleger oder Kartenlegerin aufbauen können.

Wie Sie mittlerweile sicherlich erfahren haben, stehen Ihnen zur weiteren Vertiefung des bisher erworbenen Wissens meine drei Lehrbücher „Professionelles Kartenlegen“ sowie meine Ergänzungsbücher und weitere Kartensets in großer Auswahl zur Verfügung.

Über weitere Hilfsmittel, wie etwa Tensoren oder Pendel, Neuerscheinungen, sowie weiterführende Literatur können Sie sich zu jeder Zeit auf den Webseiten des Brika-Verlages informieren.
Dort finden Sie jede Woche neue Sonderangebote vor!

Auch in diesem Band wurden viele meiner Werke an den entsprechenden Stellen innerhalb der „Tipps“ bereits erwähnt.

Ob und inwieweit Sie sich diese Werke zu Nutze machen möchten, bleibt dabei selbstverständlich ganz Ihnen selbst und Ihrem eigenen Urteilsvermögen überlassen.

Sollten Sie den Wunsch hegen, eine Prüfung mit Zertifikat abzulegen, so setzen Sie sich unter der folgenden Telefonnummer bitte kurz mit mir in Verbindung:

Tel: 0711 316 7200

Selbstverständlich können Sie mich auch jederzeit über E-Mail erreichen:

Info@britta-kienle.de

Gruppenseminare und Einzelstunden, sowie Wochenendkurse werden das ganze Jahr über von mir angeboten.

Ein Blick auf meine Webseite wird Sie über alles Notwendige informieren.

www.kartenlegeschule.de

Nun wünsche ich Ihnen viel Spaß beim Üben mit Ihren Karten und hoffe, Sie bald wieder in einem meiner Lehrwerke begrüßen zu dürfen.

Ihre Britta

Weitere Bücher im Brika-Verlag: www.kartenlegekurse.de

Tarot leicht erlernbar

Kompaktkurs oder Fernkurs mit Prüfung /Zertifikat

einfach und schnell mit den großen Arkanen

Dieses einmalige, unvergleichliche Lehrsystem bietet einen leicht nachvollziehbaren und klaren Einstieg in die Welt des Tarot.
Die Karten werden Schritt für Schritt verständlich gemacht, wobei sich diese Technik zunächst ausschließlich der großen Arkanen bedient. Selbst Partnerschaften und Beziehungen von Menschen untereinander lassen sich mit diesen Karten bereits genauer analysieren.
Zahlreiche Beispiele und Übungen mit Lösungsvorschlägen und Interpretationshilfen bringen Licht in das Dunkel, das Hobbykartenlegern den Umgang mit den Tarotkarten so lange unnötig erschwert hat.
Ferner bietet Ihnen dieses Buch ein kleines Lexikon der wichtigsten Tarotbegriffe, einen Überblick über die Bedeutung der Tarotkarten als Tageskarten, sowie einen kleinen Einstieg in die Numerologie für das Tarot.
Zusätzlich: Kurzbedeutungen im Hinblick auf: Liebe, Finanzen, Beruf und allgemeine Charaktereigenschaften

Brittas Wahrsagekarten mit Begleitbuch

Jede Karte wird ausführlich erklärt und gedeutet, anhand des exklusiv für Britta gestalteten außergewöhnlichen Kartendecks

- Viele zusätzliche Anregungen und Denkanstöße.
- Zuordnungen zu Sternzeichen, Edelsteinen, Farben, Chakren, Berufen und Eigenschaften;
- Zeitkarten sind mit dem Symbol einer Uhr gekennzeichnet, Zukunftskarten mit einem Auge.

Kipperkarten leicht erlernbar

Kompaktkurs
in vier Schritten zum erfolgreichen Kartenlegen
oder Fernkurs mit Prüfung /Zertifikat

Die seit Jahrhunderten beliebten Kipperkarten werden hier in einem einzigartigen, leicht nachvollziehbaren und übersichtlichen Lehrbuch schnell und verständlich erklärt!

- Kipperkarten verstehen und deuten lernen
- Alle Karten mit ihren Bedeutungen, die Kipperkarten im Tableau
- Die Beziehungen der Karten untereinander, Kombinationen
- Verschiedene Legesysteme, Schnelllegesysteme
- Die Astrologische Jahres-Kartenlegung, das Einbeziehen von Zusatzkarten, Hinweise zur Arbeit mit der Tageskarte
- Tipps für Fortgeschrittene, zahlreiche Tipps und bildliche Darstellungen, Übungen und Lösungsvorschläge

Zigeuner-Wahrsagekarten leicht erlernbar

Kompaktkurs
in vier Schritten zum erfolgreichen Kartenlegen
oder Fernkurs mit Prüfung /Zertifikat

Die Autorin und Kartenlegerin Britta Kienle widmet sich in diesem Band den beliebten Zigeunerkarten, die vielen Interessierten als einfacher und schnell zu erlernender Einstieg in die Welt der Wahrsagekarten dienen können.

- Die 36 Zigeunerkarten und ihre Bedeutungen
- Das Ziehen einer Tageskarte, verschiedene Legesysteme
- Das schnelle Erkennen von Verbindungen, erste Kartenbilder
- Das kleine Kreuz und seine Erweiterung
- Zusätzliches Abdecken ausgewählter Karten
- Kombinationen und weitere Besonderheiten, Zukunfts- und
- Zeitkarten, Jahreszeiten, alle Personenkarten im Überblick
- Zahlreiche Tipps und bildliche Darstellungen, Übungen und Lösungsvorschläge

Empfehlenswerte Zusatzbücher zum Selbstlernkurs

Das Interpretieren lernen, die Kombinationen auf einen Blick erkennen, weitere Legesysteme und Deutungsmethoden.

Lehrbücher Professionelles Kartenlegen (Zur Vertiefung des Kartenlegens)

Sie wollen tiefer in das Kartenlegen eindringen, mehr Wissen sammeln und sich vielleicht sogar selbständig machen?

Ergänzungsbücher zum Kartenlegen (Auch zu anderen Kartendecks einsetzbar)

Sie haben eine schnelle Frage z.B.

- Wie sieht es heute mit meiner Stimmung, Laune aus?
  *Ziehen Sie eine Stimmungskarte
- Wie soll man auf einen Disput reagieren?
  *Ziehen Sie auf die Frage eine Ergänzungskarte
- Weshalb ist etwas geschehen?
  *Ziehen Sie eine Zigeunerkarte, um die Antwort zu erhalten.

Bei Interesse an Seminaren und Fernkursen –

Kartenlegen leicht erlernbar

- Madame Lenormand leicht erlernbar
- Tarot leicht erlernbar
- Kipperkarten leicht erlernbar
- Zigeuner-Wahrsagekarten leicht erlernbar

Autorin Britta Kienle

Sofortiges Kartenlegen
0900 57 66 20 400 – Euro 1,49/min v. d. Festnetz
ggf. abweichende Preise aus Mobilfunknetzen
Stand 2009

Liebe Leserin, lieber Leser,
das vorliegende Lehrbuch bietet Ihnen einen Leitfaden für den professionellen Umgang mit Karten. Jeder Mensch ist ein Individuum. Dies bedeutet unter anderem, dass jede/r Kartenleger/in im Laufe der Zeit sein oder ihr persönliches System entwickeln wird. So gibt es kein allgemein gültiges Rezept, wie oder womit Sie Ihre Beratungen durchführen können. Daher kann seitens des Verlages oder der Autorin für sich eventuell ergebende Fehlinterpretationen oder Fehlberatungen seitens der Leserschaft keine Verantwortung übernommen werden.

Übersicht: Brittas bewährtes Lehrsystem

Der große Selbstlernkurs - Grund- und Aufbaukurs

- Als Hobby, Neben- oder Hauptberuf NEU: **Der große Selbstlernkurs**
- Das große **Übungsbuch** zum Kompaktkurs, Fernkurs, **großen Selbstlernkurs** und zu den Lehrbüchern I-III

Empfehlenswerte Zusatzbücher zum Selbstlernkurs

- **Interpretations-hilfe**
- **Kombinationen auf einen Blick**
- **Legesysteme mit Fallbeispielen**

Professionelles Kartenlegen

- Hilfsmittel, Tipps Techniken, Fakten und Tricks zur Selbständigkeit
- Grundstein für eine eigene Existenz als Kartenleger/in
- Ratgeber&Übungsbuch für professionelle Beratungsgespräche Kartenbilder und ihre Deutungen

Ergänzungsbücher zum Kartenlegen

- Genaue Analyse der Tagesstimmung **Stimmungsbuch plus Karten**
- Die Frage nach der Ursache „WARUM? **Zigeunerbuch plus Karten**
- WIE soll ich reagieren? **Ergänzungsbuch plus Karten**

Lösungen des Kartenbildes von Seite 6

Meine Lösungsvorschläge:

Das ausgelegte Kartenbild gehört einer Frau
Fragen zu diesem Kartenbild:

1. Welches Problem steht augenblicklich an?

→ *Geldprobleme*

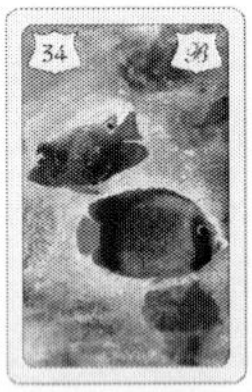

2. Denkt diese Frau oft an die Vergangenheit oder ist sie eher zukunftsorientiert?

→ *Sie ist zukunftsorientiert! Die Karte befindet sich im oberen Teil des Kartenbildes.*

3. Was sagt die erste Kartenreihe aus?

Nr. 34 + Nr. 8 + Nr. 3 + Nr. 28 + Nr. 19 + Nr. 6 + Nr. 17 + Nr. 10

→ *Dieser Mann geht einer Reisetätigkeit nach, die derzeit jedoch nicht gut läuft. Dabei ist ihm bewusst, dass es eine Veränderung geben muss, sonst wird er seine Arbeit an den Nagel hängen müssen.*

→ *Beachten Sie bitte, dass die Karten Turm + Sense auch auf eine Kündigung hinweisen können!*

4. Mit welchen Problemen hat der Ehemann Zu kämpfen?

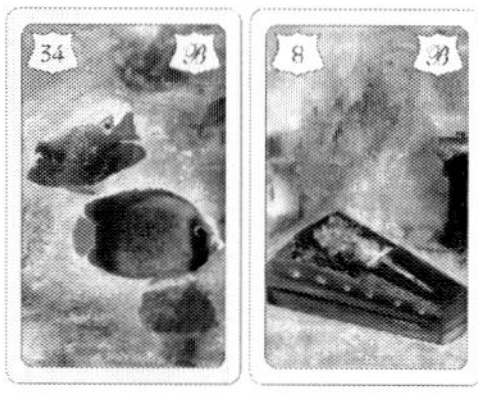

a) Gesundheitliche Probleme! Er sollte besser auf seine Ernährung achten!

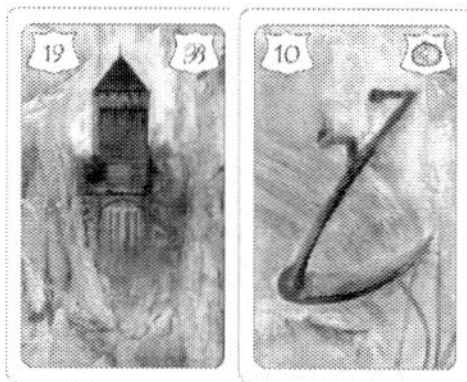

b) Zudem liegt das Ende seiner Tätigkeit in der Luft.

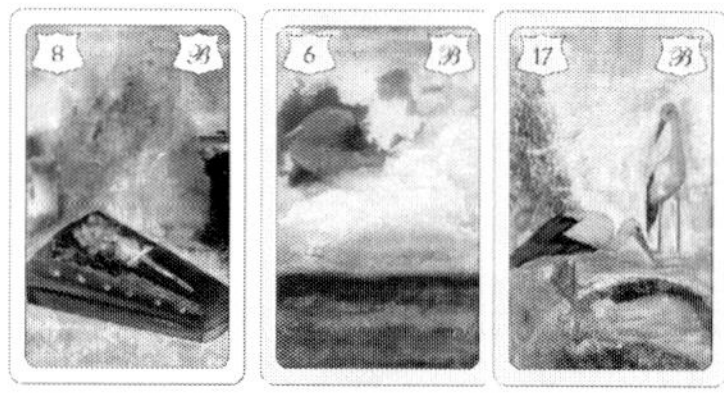

c) Auch Probleme mit der Durchblutung in Füßen und/oder Beinen lassen sich erkennen.

5. Hat die Frau gesundheitliche Probleme?

Depressionen

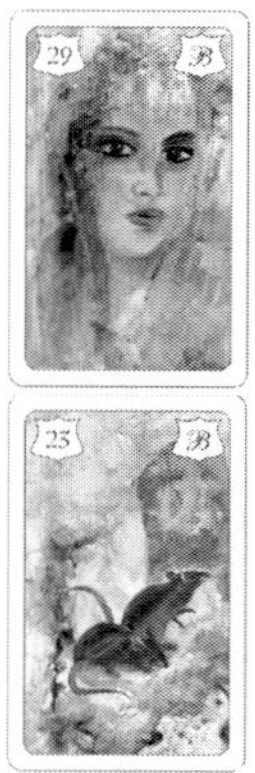

Ängste

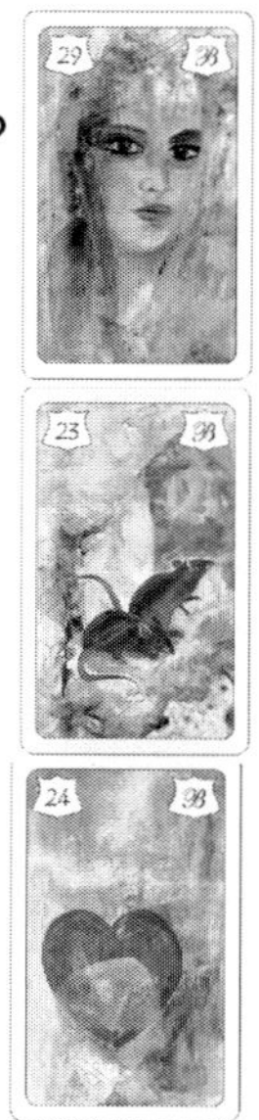

Herz
Kreislauf
Blutdruck

→ *Diese Frau hat unter Depressionen und Angstzuständen zu leiden.*
Sie leidet stark unter der Knappheit des Geldes.
Ebenso sollte auf Herz, Kreislauf und Blutdruck geachtet werden.

Da das **Kartenbild** dieser **Frau** gehört, beziehen sich alle Themen des Tableaus auf sie und ihre Lebenssituation.

6). Bitte deuten Sie von der 2. bis zur 5. waagrechten Reihe von links nach rechts.

Wenn Sie mutig sind, können Sie gerne auch schon die Zeitkarten in Ihre Deutung mit aufnehmen!

von **Nr. 36** an gesehen waagrecht:

Nr. 36 + Nr.25 + Nr.11 + Nr.29 + Nr.4 + Nr.12 + Nr.1 + Nr.2

→ *In der Zukunft werden die Eheleute großen Ärger und Kummer im häuslichen Bereich haben.*
Allerdings besteht die Chance, diese Probleme mit Hilfe ruhiger und überlegter Gespräche zu einem guten Ende zu beheben, und doch noch zu einem guten Ende zu finden.
.
Ziehen wir die Zeitkarten hinzu, so erkennen wir, dass sie die Sorgen in etwa zwei Monaten hinter sich lassen können.

von **Nr. 26** an gesehen waagrecht:

Nr.26 + Nr.14 + Nr.27 + Nr.23 + Nr.16 + Nr.9 + Nr.20 + Nr.31

→ *Was augenblicklich noch nicht erkennbar ist: Bei Schriftverkehr aller Art sollte mit viel Umsicht und Cleverness vorgegangen werden. So lassen sich mit einigen Mühen auch Kontakte nach Außen wieder in die Reihe bringen!*

von **Nr. 35** an gesehen waagrecht:

Nr.35 + Nr.32 + Nr.15 + Nr.24 + Nr.30 + Nr.33 + Nr.22 + Nr.7

→ *Innerhalb von 2 Jahren taucht ein sexuell sehr attraktiver älterer Herr am Horizont auf, mit dem sich die Dame auf eine Affäre einlassen könnte.*
Obwohl diese Affäre sehr intensiv ausgelebt wird, erkennen wir im weiteren Verlauf die Trennung in der Kartenreihe. Verantwortlich für diese Trennung ist eine andere Frau.

von **Nr. 5** an gesehen waagrecht:

Nr.5 + Nr.13 + Nr.18 + Nr.21

→ *Hier erkennen wir, dass die Frau eine Tochter hat, die ihrerseits mit Partnerschaftlichen Schwierigkeiten zu kämpfen hat. In der Beziehung zu ihrem Freund wird es zu großen Schwierigkeiten kommen, die es zu überwinden gilt.*

Achtung:
Diese Kartenreihe könnte auch wie folgt gedeutet werden: Die beiden Kinder (Tochter und Sohn) der Dame werden von der Affäre Ihrer Mutter nicht unbedingt begeistert sein. Im weiteren Verlauf wird es zu großen Blockaden in der Beziehung zu ihren Kindern kommen.

Noch ein Tipp zum guten Schluss:

Nachdem Sie in diesem Band auch die Diagonalen Deutungslinien und die Paarlesung kennengelernt haben, sollte es Ihnen nicht allzu schwer fallen, noch tiefer in die Deutung hineinzugehen und mit Hilfe Ihrer neu erworbenen Fähigkeiten weiterführende, möglicherweise sehr wichtige, Aussagen zu treffen.

Selbstverständlich können Sie auch jede fünfte Karte aus dem Kartenbild herausnehmen und diese zur Vertiefung Ihrer Aussagen heranziehen.

Zum guten Schluss können Sie dieser Kundin noch einen Rat für die Zukunft geben, so dass sie mit sich mit einem konkreten Plan zur Lösung ihrer Probleme von Ihnen verabschieden kann.

Sollten Sie Lust bekommen haben, sich noch ausführlicher mit dem Kartenlegen zu befassen, so würde ich Ihnen die Lehrbücher zum Professionellen Kartenlegen ans Herz legen.

Ihre Britta